巴尔扎克传

吴艳敏◎著

时代文艺出版社

图书在版编目（CIP）数据

巴尔扎克传 / 吴艳敏著 . —长春：时代文艺出版社，2015.12（2021.3重印）
（世界文学大师传记丛书）

ISBN 978-7-5387-4873-4

Ⅰ . ①巴… Ⅱ . ①吴… Ⅲ . ①巴尔扎克，H.D.（1799～1850）—传记Ⅳ.①K835.655.6

中国版本图书馆CIP数据核字（2015）第210577号

出 品 人　陈　琛
责任编辑　刘瑀婷
助理编辑　史　航
装帧设计　孙　利
排版制作　隋淑凤

巴尔扎克传

吴艳敏　著

出版发行 / 时代文艺出版社
地址 / 长春市福祉大路5788号　龙腾国际大厦A座15层　邮编 / 130118
总编办 / 0431-81629751　发行部 / 0431-81629755
官方微博 / weibo.com / tlapress　天猫旗舰店 / sdwycbsgf.tmall.com
印刷 / 三河市嵩川印刷有限公司
开本 / 710mm×1000mm　1 / 16　字数 / 139千字　印张 / 12
版次 / 2015年12月第1版　印次 / 2021年3月第2次印刷　定价 / 36.00元

图书如有印装错误　请寄回印厂调换

目录

生于1799年，死于1850年的巴尔扎克是一个长相丑陋、一直被债务困扰，终生想寻找一个富裕的寡妇来保障他的创作生活，来摆脱他那位冷漠而刻薄的母亲的控制，以获得自由创作生活的人，但同时他又是个天才，是个举世公认的文学天才，而且是个最疯狂、最复杂、最难以模仿的天才。

巴尔扎克短促的一生，几乎经历了拿破仑帝国、路易十八封建王朝和七月王朝，这半个世纪，也是法兰西近代史上最动荡的时期。

这个天才作家在自己二十余年的创作生涯中创作了一部气势恢宏的《人间喜剧》，全景式地反映了剧烈动荡的社会变革时期，从巴黎到外省，从贵族到平民的法国生活。虽然说作家不是史学家，文学作品也并不承担记载史实的任务，但一个作家的笔触直触社会，紧跟时代的脉搏，这个作家必定会给后人留下一份历史的印迹。

《人间喜剧》结结实实地奠定了巴尔扎克在批判现实主义文学中的崇高地位。在法国、在中国，甚至在全世界，只要具备一些基本的人文知识的人，都知道巴尔扎克这个名字；只要有些文学爱好的人，肯定会读过他的作品，都知道高老头、葛朗台这些出自《人间喜剧》的人物形象。可以说，《人间喜剧》是全人类的共同瑰宝，了解了它和它的作者，我们就拥有了这精神财富！

本书从巴尔扎克的童年生活开始，记述了他的种种经历，全方位展示了巴尔扎克的痛苦与欢乐，他在生活中的强烈欲望，他在创作中的天才和执着，以及他伟大的人性力量。所以，通过本书，你将认识一个最真实的巴尔扎克，认识一个粗俗和浅薄的巴尔扎克，更会认识一个具有崇高和深刻思想的巴尔扎克。

第一章 家庭和学校生活

1. 巧于经营的父亲

在靠近法国中部图尔城的一个小村落里，聚集着巴尔萨氏家族。巴尔萨氏就是一个普通平民的姓氏，家族中从来没有出现过什么有名的人物，世世代代都是以种地为生的。1746年6月22日，在一间小破屋里，一个巴尔萨氏的小男孩出生了。这个男孩的名字为伯纳·佛兰苏，是家中十一个孩子的老大，从一出生就被父亲定为教会中的人。

伯纳·佛兰苏从小就是个精力充沛、头脑灵活的孩子。因为他的父亲已经把他定为教会中的人，所以他从小就与村里的教士接触，并跟着他们识字读书。虽然家境贫困，伯纳·佛兰苏还是学会了拉丁文，可以算是一个文化人了。但是这个强壮有力、野心勃勃的年轻人，从小就很喜欢热闹，随着年龄的增长，在他心里丝毫没有加入教会的打算。

很长一段时间，伯纳·佛兰苏一直过着自由自在的生活，他随着自己的性子在村落里四处转悠：因为有一点文化基础，他在本地做过书记员；因为身体强壮有力，他四处打工，不是在葡萄园里干杂活，就是帮人家种地。

这样的生活尽管能够维持温饱，但二十岁以后，内心不安分的伯纳·佛兰苏还是离开了家乡，随着不可计数的青年满怀希望地来到了巴黎。最初，他是那么不起眼，但凭着与生俱来的不屈不饶的劲头，他在巴黎渐渐站稳了脚跟，并越来越表现得如鱼得水。

法国大革命爆发后，这个外省的乡下人充分利用自己灵活的头脑维护人际关系，进入了巴黎的革命市参议会，同时在军队的一个部门谋得一个职位，这个部门负责物资和军粮的供应。伯纳·佛兰苏异常兴奋，他总算得到了一个能够捞取油水的好工作。

在这些部门，伯纳·佛兰苏与生俱来的善于钻营的本领淋漓尽致地发挥出来了，可以说，这段时间是他累积财富之路的起点，他一举成为暴发户。在这种谋生方式持续了多年后，伯纳·佛兰苏利用某种关系，突然加入了杜麦尔·丹尼耶银行，并成为那里的一名主任秘书，彻底换了一种新身份。

可以肯定地说，这种变化使伯纳·佛兰苏终于从一名普通的平民，成为有了金钱和地位、受人尊敬的市民，跻身于"上流社会"，达到了人生一个期待已久的高度。

但是，伯纳·佛兰苏是不会满足目前的一切的，他知道，要达到自己最渴望的目标——成为一位有私产的绅士，必须使自己的财产最大化，还要给自己找一位能带来很多嫁妆，并具有高贵血统的太太。

于是，伯纳·佛兰苏开始寻觅自己满意的结婚对象。不久，他竟然真的找到了合适的人选，那个女孩是银行一位上司的女儿。他在五十岁那年向这个比他小三十二岁的、有着良好教养的女孩求婚并结婚，于1799年5月20日生下了奥雷诺·巴尔萨（即后来的作家巴尔扎克）。

1820年，伯纳·佛兰苏知道自己的"巴尔萨"是一个很普通的平民姓氏，为了提高自己的地位，他决定让别人称呼自己"巴尔扎克"，并在姓氏前加上一个标志族贵门第的"德"，以示贵族身份，这也极大地满足了自己的虚荣心。

老巴尔扎克的身体一直很好，精力也很充沛，很少与医生打交道。在他六十岁之后，精神矍铄的他依然是风月场中的老手，不仅有了四个嫡出的孩子，据说在外面还有好几个私生子。尤其让人瞠目的是，在他八十岁那年，竟然依然风流成性，致使一个生活不检点的少女怀孕，而最终受到控诉，这一事件在当地一度风传，但老巴尔扎克丝毫不在意。

老巴尔扎克天生是个乐观派，对自己一生所取得的成功尤其满意，在他看来，生活中总有那么多令人欢快的事情。

当时的法国制定了一个"拉发查养老金"，根据规定：如果某个具有领取年金资格的人不幸去世，在世的其他年金受领人所得到的养老金就会增加。为了使自己成为一个年金受领人，他决心要比其他人活得更长。

事实上，他真的做到了，在他八十三岁的时候，他已经成为"拉发查养老金"年龄最大的受领人，一年可以得到八千法郎。但令人啼笑皆非的是，也就在那一年，他竟因为一场意外猝死，结束了自己丰富多彩的一生。

2. 专横的母亲

萨郎比那·萝尔·莎洛特·安娜是巴尔扎克的母亲出嫁前的名字。萝尔的出身好，从小受到很好的教育，对父母十分孝顺，也是个绝对标致的美人。在她还是一个小女孩时，与银行家杜麦尔先生的女儿是最好的闺中密友。和每一个情窦初开的女孩一样，她也向往罗曼蒂克，希望经历美妙幸福的爱情。

但人生不如意的事情总是很多的。当时的老巴尔扎克在军队里负责物资供应，而她的父亲是向军队供应服装布料的商人，在生意来往的过程中，老巴尔扎克结识并看中了萝尔。

萝尔的父母基于经济利益考虑，认为老巴尔扎克是块肥肉，而且很善于理财，尽管年龄比他们的女儿大很多，但对于这样年龄结合的婚姻，在当时是非常普遍的，也就持赞同的意见。就这样，十八岁的萝尔与一个五十岁的单身汉结下一门不合情理的婚姻。

这场婚姻对于年轻的萝尔来说，是毫无爱情可言的。婚前，她只知道自己的丈夫凭自己的毅力和聪明才智从一个农民的儿子跻身"上流社会"，而婚后才发现丈夫是一个自私的人，只顾自己尽情地享受生活，虽然结了婚，但仍过着小伙子的"快乐"生活。

婚姻在萝尔看来绝对不美满，失望的情绪一直存在，因此心中总有一种红颜薄命的忧郁，不甘寂寞的她也开始在家庭外面寻找自己的乐趣。在旁人看来，她在家庭中投入的情感是相当少的，这张俏丽的脸蛋具有取悦周围男人的天性，这种强烈的反差让周围的人很是吃惊。

让萝尔感到满意的一点是，丈夫并不过多干涉她的生活，她可以随心所欲。萝尔不仅常常借口到她父母家去散心，而且也在情场上大显身手，和丈夫一样，尽情地寻找着自己的罗曼蒂克，这在当时也传出很多流言蜚语。

不仅如此，萝尔还非常喜欢玄学，她定期去算命，对一些玄学作家的作品也是一往情深。认识她的人都说，她如此热衷于此事，将来就算有孩子了，也肯定不愿意照顾孩子。

不久，她有了自己的第一个男孩儿，遗憾的是只活了三十三天便夭折了。第二个出生的就是巴尔扎克。这孩子还没有满月，她便让人立刻送走，仿佛他是个麻风病人。就这样，巴尔扎克在养父母家里一待就是四年。随后出生的妹妹也被送到别人家里寄养。

所以，正如别人所说的那样，她根本不愿意照顾自己的孩子，专横、冷酷地拒绝给孩子们表示任何爱的机会，有时孩子们张开双臂想投进母亲的怀抱，可是立即就会被母亲的呵斥吓得不敢再有所动作。

萝尔有自己养孩子的一套"理论"：在她看来，教养儿女就是必须让他们知道花钱就是罪恶，只有挣钱才是所有美德中的美德。

所以，一开始，她就鼓励孩子们要懂得为自己的未来提早打算，谋求稳固的"地位"，如果是女孩子的话，就要找一个好配偶。她不允许孩子们有过多的个人自由，总想让他们按照她的要求进行生活的安排，如有不从，她就会采取各种严厉措施进行干预。

事实上，作为母亲，她的有些想法也是出于好心，但由于她过于自私专横，再加上对孩子们总是苛责，结果适得其反。于是，她时常感到伤心，就开始没完没了地抱怨孩子们，她为他们操碎了心，可孩子们丝毫不领情。老巴尔扎克对她也经常表现厌恶之情，讨厌她总是神经质地大喊大叫，还有那副总是受了委屈的神情。

萝尔的这种粗暴专横的行为对孩子们也造成了很深的影响。很多年以后，巴尔扎克兄妹早是成年人了，但他们还是对小时候的情景心有余悸：一听见母亲的大喊大叫，他们都会感到害怕。甚至在巴尔扎克头发花白，把母亲接到自己的家中居住后，对许多年前由于她拒绝给予他的爱而施加的种种行为，还是无法忘怀。

此时的萝尔一如既往，尽管巴尔扎克当时已经是世界闻名的作家了，但她仍然想用自己"善意的"忠告，以及满眶盈盈的泪水，去感化儿子。这样的结果只能使母子关系继续恶化。

巴尔扎克对别人这样评价自己的母亲："你真是无法知道我的母亲是怎样的一种人！她是一个可怕的妖精，同时又是妖精般的怪人……她总有很多的理由仇视我，似乎在我还没有出世前就仇视我。我和她经常处于决裂的边缘。但是我情愿继续忍受。对于我来说，那是一种无法治好的伤口。我甚至一度认为，母亲就是带给我生命一切灾难的根源。"

3. "监狱般"的学校生活

1803年，小巴尔扎克已经四岁了，从出生起他一直被寄养在乡下的养母家里，似乎被家人遗忘。现在，父母要接他回家了，小巴尔扎克显得很兴奋和期待。虽然对父母没有印象，他知道亲生父母家的生活条件很优越，比乡下好得多，天生敏感的他更是渴望能得到父母的疼爱。

然而，小巴尔扎克很快就失望了。在父母的家中，他感觉一切是那么陌生，父亲对他视而不见，母亲一看到他就会严厉地斥责，他丝毫感受不到家庭的温暖。他在家里似乎是多余的，没多久，小巴尔扎克就被送进图尔的列盖公寓寄宿，在那里，他待到1807年。在此期间，父母只允许他每个礼拜回家一次。

在巴尔扎克八岁那年，他又被送到旺多姆的教会学校。这所学校有着高高的院墙，以及黝黑的教学楼，位于旺多姆的市中心，一条小河从学校旁边流过，从外表看，很难看出这是一所学校。这里实行完全的封闭式管理，没有节假日休息的时间，家长只能在特殊的情况下，才被获准前来看望自己的孩子。巴尔扎克在这里待了六年，这么长的时间里他只获准回家一次，他的母亲几乎把他遗忘了，也仅来看望了他两次。

在教育上，当时的法国大革命虽然已经进行很久了，但是旺多姆学校依然实行的是贵族僧侣式的旧教育。一旦进入学校，等待几百名学生的就是严峻的训练。

学校收费便宜，还包吃饭，但实际上连最低限度的供应品都十分缺乏。如果父母不捎来手套以及暖和的内衣，这个学生必定手脚全冻得开裂。巴尔扎克就是这样，因为父母的漠不关心，他只能蜷缩着身子度过一个又一个漫长的冬季。

巴尔扎克对学校的第一印象就是环境肮脏、闭塞，在随后的学习生活中，更是发现学校制度的严格、古板。老师们对学生更是严厉，任何学生都不允许大声说话，任何时候不允许随便走动。教学内容也是相当单调乏味，令人压抑。在生性活泼的巴尔扎克看来，整个校园就如同一所监狱：冷漠、残酷的教师用各种体罚手段来束缚学生的思想和行动，稍有反抗就会被关进禁闭室进行反思。

在禁闭室里，其他被惩罚的学生都是抱着暖和的毛毯，吃着让人眼馋的零食，而没人关心的小巴尔扎克只能带上几本书，在禁闭室里胡思乱想，这对巴尔扎克的自尊心也造成了很大的影响。

在受到教师的惩罚后，小巴尔扎克别无他法，孤独的他唯一的乐趣就是读书。他阅读的书籍广且杂，不但使自己的记忆力和想象力得到了训练，而且获得了方方面面的知识，积累了厚实的学识基础，这对他以后进入文坛是有极大的作用的。

但是，随着时间的推移，监狱般的管制和艰苦的生活环境也慢慢地侵蚀了巴尔扎克的健康，他从一个脸蛋胖乎乎的男孩儿变成了瘦猴，还得了比较严重的神经衰弱症，在他十四岁那年，他的父母接到通知，不得不把他带离了这所僧院式的寄宿学校。

用他妹妹的话说，当时回到家的巴尔扎克如同一个痴呆，走路竟然需要摸索着，对别人的问话也是充耳不闻，只是带着紧张的表情，愣愣地坐在那里。

巴尔扎克对旺多姆教会学校的一切十分不满，那里的教育体制在他幼小心灵上烙下了深深的印痕。他把学校称为"精神监狱"，在此度过的六年时间，也使他在小小的年纪里就感受到了社会的冷酷以及呆板教育的压抑。

4. 新学校

得了神经衰弱症而突然回家的巴尔扎克，并没有得到母亲的怜惜，反而因为他变成一个形容枯槁、敏感而紧张的少年而令她大为恼火，再加上巴尔扎克从学校带回来的成绩单不尽如人意，母亲觉得他将来不会有什么出息。

但对于巴尔扎克来说，这次回家毕竟是他十四年以来第一次真正目睹他父母的家庭，尽管教会学校几乎摧毁了他的健康，但由于遗传了老巴尔扎克的乐观天性，他很快恢复了生机，表现得快乐而健谈。遗憾的是，他这样的表现仍旧不能取悦于自己的母亲。不喜欢看到他的母亲联系了一个学校，不久，他又被送到图尔的另一所中学，以弥补以前所缺少的教育。

　　1814年3月，反法联盟进入巴黎，巴尔扎克最崇拜的拿破仑被迫退位，离开巴黎，波旁王朝复辟。而同年底，巴尔扎克的父亲因为担任巴黎第一师的军需官要进入巴黎城，巴尔扎克一家随同前往。

　　此时的巴尔扎克，见识和年龄都在增加，内心对父母也不再那么顺从，有了自己的抗拒，当然，父母看他也是不顺眼，很快就安排他进了黎毕德先生的寄宿学校。黎毕德先生是老巴尔扎克的朋友，负责一个教育机构，一个以信奉天主教和君主制而著名的学校。

　　在这个寄宿学校里，巴尔扎克依然不是个让人喜欢的"好学生"。在他心里又产生了一种被遗弃的感觉，内心深处每天都承受着家人和学校所带来的痛苦。巴尔扎克的父母只关心他的成绩，对于他们来说，只要巴尔扎克有一个让他们觉得能拿出手的成绩就满意了。相反，对巴尔扎克本人的身心则毫不在意，也从没想到过要给这个年轻人一些零花钱。

　　在黎毕德学校，年轻的巴尔扎克认识了很多同学，但在与同学家庭的对比中，更清晰地意识到自己的父母与别的家长的差别，内心更是充满了叛逆。

　　当然，巴尔扎克的成绩仍旧不如意，让父母很是伤神。在一次拉丁文考试中，全班三十五个同学，他排在第三十二位。他的母亲本来就觉得他一无是处，现在更是肯定了这种想法，曾经给他写了一封"感怀伤命"的信，信中称自己极其失望，在巴尔扎克身上"所指望的快乐，如今都毁掉了"。

　　巴尔扎克收到这封信后，母亲那对他失望的语调以及对他的不理解，一度使他感到心灰意冷，这种心情持续了很长一段时间。

　　在家庭和学校中经受着苦难和耻辱的巴尔扎克，排遣痛苦的唯一方式仍旧只能是书籍。在大量的阅读中，他的阅读能力得到极大提高。巴尔扎克能在一目十行的阅读中，准确地抓住书中所表达的意思，可以举一反三，甚至通过一个单词就能了解整个句子的意思。

他的记忆力超群，不但能记住所有要记住的东西，并且可以把所见到的事物，不管是形态、色彩，还是样式都能清晰地表述出来，达到令人难以置信的程度。

他的想象力也达到了顶峰，在书本上看到的事物，他能想象得非常真切，就像这个事物真实地存在于心中，即使有些人在现实中确实看见了它们，也不见得会描述得如此清楚。

后来，学校新来了一位年轻教师。这位教师发现了巴尔扎克丰富的想象力和惊人的记忆力，对他过目不忘的记忆能力很是惊奇和欣赏。年轻的教师经常与巴尔扎克交谈并鼓励他，还把自己的一些文学书借给他看。一直备受冷落的巴尔扎克也如同遇到了知己，在愉悦的阅读中明白了很多道理，他的学习成绩也逐渐得到了提高。

5. 大学生活

虽然巴尔扎克的母亲对儿子相当的失望，巴尔扎克在中学的成绩却渐渐有了起色，而且能勉强通过各门考试了。中学的学业即将结束了，对于巴尔扎克来说，被奴役的日子就要结束了，自由的曙光在就在前方，他希望能够按照自己的意愿选择喜欢的专业进修，但这种希望很快就落空了。

在巴尔扎克畅想未来的时候，他的父母在儿子未来职业选择上也开始费神了，而且这对观点很少一致的夫妇竟然在这个方面看法空前一致：儿子将来要当律师或者做公证人。当然，他们在考虑这些问题的时候，丝毫没有考虑过儿子的意愿，只是按照他们的想法来计划的，认为这样的职业在财产大量流动的时代才是最实际的、最稳定的。

巴尔扎克最终还是顺从了父母的意志，报了法律系，并于1816年11月4日，以一名法学系学生的资格顺利进入大学，开始了相对自由的大学生活。

进入大学的巴尔扎克想在学习专业的同时，把空余时间用在自己喜欢的事情上，但这种想法在父母那里又没能通过。因为他们认为，年轻人是不应该有所谓的空余时间的，一分钟都不应该浪费，应利用所有的时间去挣每一文钱。至于专业学习，白天在学校里偶尔上上课，晚上抓紧时间读读书就足够了。为了未来生存的需要，白天还应该再找个职业锻炼一下。

于是，巴尔扎克的大学生活开始忙碌了，他在上课的同时，还在一家律师事务所当书记员，其实，也就是负责律师所全部的苦差事。

在紧张劳累的学习生活中，让巴尔扎克感到欣慰的是，他得到了第一个雇主德·麦尔维耶·居扬奈律师的赏识。德·麦尔维耶·居扬奈律师对巴尔扎克的才智很是欣赏，并与他结下了不错的友情。巴尔扎克也是真心佩服这名律师，在自己以后的作品中，他尽情地描述自己的这位律师朋友。

这样按部就班的生活持续两年后，巴尔扎克又被推荐到一位德高望重的律师那里去。这位律师名叫巴赛，是巴尔扎克家人的故友。巴尔扎克在那里表现也很不错，敬业而有知识，得到了巴赛先生的肯定，这让他的父母感觉很是满意。

1819年4月，巴尔扎克顺利毕业了，如愿拿到了学位。他的父母尤其兴奋，因为他马上就可以担任巴赛律师的助手了，将来只要巴赛律师退休或去世，巴尔扎克就有可能接手律师事务所的工作，那样的话，他的未来必将一帆风顺。

当然，在巴尔扎克父母对未来的规划中，只要巴尔扎克勤勉地干下去，将来肯定可以找一个有优越地位的富人家的女儿结婚，安居乐业。那样，自己的儿子就会给巴尔扎克和萨郎比那两个家族以及所有亲戚脸上增光。

但是即将结束大学生活的巴尔扎克是怎么想的呢？巴尔扎克那一心想跻身贵族阶层的父亲和精于钱财的母亲，没有询问过，也丝毫不关心。

第二章　初试文学

1. 弃法从文

1819年，欧洲战争暂时结束，对于老巴尔扎克这样发战争财的人来说，好日子算是结束了。老巴尔扎克的薪水变得极其微薄，但这个崇尚实际的家庭立刻采取了措施，放弃了他们在巴黎的住所，搬到一个偏僻的小地方，在那里，这个家庭就可以不动声色地降低生活水平。但事实上，他们在新居住地也算是很宽裕的，过得也很舒服了。

在这个家庭应对财务危机的同时，巴尔扎克却宣布了一项让全家震惊的消息：他要放弃当一个律师、审判官的机会，或接受任何机关的职位，而要成为一名作家。

原来，年轻的巴尔扎克在大学期间律师事务所的经历，使他初次接触到了真正的巴黎社会，不仅看到了巴黎光彩夺目的一面，也看到了许多依靠法律解决不了的问题，这些丰富了他的生活经验，他不想再在这个被他称为"巴黎最可怕的魔窟"中工作，不愿意再过这种没有自由的日子，只想按照自己的意志来做自己喜欢的事情。

多年来始终压制在巴尔扎克心中的反抗的火焰，终于熊熊燃烧起来。那天，坐在律师事务所凳子上的巴尔扎克再也忍无可忍，他把桌子上的案卷全部扔掉，回家就宣布了这个消息。

对儿子这个决定气愤不已的老巴尔扎克认为，他们的儿子简直是毫无头脑。本来有希望以后能独立生活的儿子，居然宣称他要放弃一个体面而有前途的职业，想要成为一个游手好闲的作家，还竟然好意思要求父母在经济上提供帮助。

这个决定在心灵上沉重打击了巴尔扎克家族，因为在他们看来，写作是一项永远没有收入保障的手艺。那些文学作品、诗歌只是有着无数房产的夏多勃里昂子爵那样的人用来消遣娱乐的，但绝不是一个中产家庭成员应该从事的工作。

何况在他们的眼中，巴尔扎克在十六岁时还不能写出一篇作文，成绩在任何学校都处于低等水平，在任何地方也没有显现出一点文学方面的才能。想成为作家？他简直是痴心妄想。

巴尔扎克的父母很快联合整个家族的成员公开批评巴尔扎克的举动，并要求他立刻回到事务所工作。但是两个礼拜过去了，他们的儿子巴尔扎克不仅没有放弃这个想法，回到律师事务所，连家也不再回去了。老巴尔扎克更为生气，对家人宣布：如果巴尔扎克还不放弃当作家的念头，就停止对他的一切经济供给。

谁也没有想到平时忠厚而慵懒的巴尔扎克身上竟会有如此顽强的坚持，他对父亲的威胁没有屈服，对母亲近乎歇斯底里的啼哭与威胁，软的硬的手段都不理睬，大有不撞南墙不回头的劲头。

巴尔扎克的反抗让父母第一次感觉到强制管理失败的滋味。他最钟爱的妹妹萝尔却在这时候悄悄地站到了哥哥这边来。这个年轻的姑娘罗曼蒂克地认为如果有一位名作家哥哥，能使虚荣心得到满足也不错。

其实，巴尔扎克的这个决定也不是一天两天就产生的。在教会学校时，他就阅读了大量的文学作品，还尝试着进行写作，被那些寄宿学校的孩子们称为"诗人"。在大学读法学时，他旁听了学校的文学课，并尽量找机会和时间阅读大量的书籍。巴尔扎克把酝酿已久的决定说出来，也是把他的理想公开化了。当然，这对于平时丝毫不关心他的父母来说，就显得有点突然了。

最后，经过激烈争论和讨价还价后，巴尔扎克家庭达成了独特的折中协议：巴尔扎克可以走他选择的作家之路，他们也愿意看看他的才干，看他是否能成为一个名声大噪而有深刻内涵的作家，但他们仅在两年内向他提供一点补贴。如果两年内不能实现目标，巴尔扎克就必须立刻回到律师事务所工作。

接着，巴尔扎克父子签订了一份合同。巴尔扎克父母按最低生活标准，每月向他们的儿子赞助120法郎，即一天4法郎，作为他未来生活的补贴。这应该是老巴尔扎克一生签的最得意的合同。巴尔扎克也接受了，因为通过这个合同，他就可以认真写作，踏上自己喜欢的文学之路了。

2. 艰难的新生活

巴尔扎克在坚持自己的作家梦时的坚强毅力，迫使自己顽固的母亲不得不做出了让步。但是，在做出这个让步时，这位虚荣而自私的母亲感到非常失望。她向自己的娘家隐瞒了巴尔扎克放弃高贵的职业而想从事文学创作的事实，仍想利用特别的手段来使他屈服。

巴尔扎克的母亲开始实施自己的计划了，她要使他意识到家庭的温馨安逸，知道律师事务所的火炉是多么温暖，让他在巴黎饱受饥寒，实在待不下去后，他就该收回他那愚蠢的决定，停止胡思乱想的创作。在她看来，这样能"帮助"巴尔扎克走上正常的生活轨迹。

　　首先，她以关心儿子的写作为借口，帮他在巴黎租了一间房子。这是一间黑乎乎的、充满怪味的楼梯间，位于巴黎的圣安东郊区莱斯堤居尔街，可以说是巴黎最破旧、最糟糕的住处。尽管房租只有5法郎，但没有人愿意生活在这样的"洞"里，但巴尔扎克的母亲为了使儿子放弃他喜欢的职业，就兴奋地租了下来。

　　接着，母亲开始为巴尔扎克充实他的顶楼了：先从杂物堆中淘来一张平板硬床，两把椅子，一张橡木桌子，上面盖着破烂的皮革。这样巴尔扎克就有了睡觉、工作的地方，但小屋里也就剩一点儿坐的地方了。她希望巴尔扎克能马上从这种艰苦的环境中妥协。

　　巴尔扎克开始收拾自己的第一个"书房"了：粉刷墙壁，把自己的书以及从图书馆借来的书摆在桌子上，摆上一叠白稿纸，削几支笔杆，用空瓶子做了一个烛台，但里面放着的灯油少得可怜。

　　就这样，巴尔扎克在 这间"洞窟"里住了下来。在这间透过瓦缝就能清楚地看见天的破地方，他必须自己整理房间，一切开支还要精打细算：一天住要花三个苏，晚上点灯三个苏，用煤生火，一天要烧掉两个苏，只能留下两个苏以备不时之需。

　　为了节约用水开支，巴尔扎克每天早晨要到圣米切尔广场取水；他不得不向家中乞求袜子和手帕。他没有能力租一架小钢琴来娱乐一下，同时母亲也在严格监视他屋子里的物件，他添置了一件雕刻和一面镀金的方镜，巴尔扎克在贫苦而孤独的生活中求活，可以全身心开始自己的创作了，此时，他才意识到一个严峻的问题：虽然他立志埋头创作，但到现在他还不知道自己到底想成为什么样的人物，尽管自身有能力，但到底应该在哪方面发展呢？是哲学家、小说家，还是诗人、戏剧家呢？到底哪方面的创作才能使自己尽快出名啊?

巴尔扎克明白,自己好不容易才从父母那里争取到的自由,无论如何,总要完成能让自己出名的东西!他把自己以前写的草稿整理了一遍,遗憾地发现竟然没有一篇是完整的,全都是片段。再细读下去,却怎么也没法从中发现到底哪条是自己走向光明的大道。

巴尔扎克坐在矮小的书桌前,望着那一堆草稿,双眉紧皱,分析并研究着自己的写作风格,他需要认真地思索下一步的工作计划了。

3. 开始动笔了

思索啊思索,时间一天天过去了。巴尔扎克用在研究与发展自己的风格的时间已经有两个月了,但收获微乎其微。他发现自己还没有写一部小说的能力,他又取消了写一部哲学著作的打算,接下来只能在戏剧这条路上考虑了。

在思索的过程中,为了丰富自己的创作思路,他也阅读了许多大师们的各种杰作。终于,他决定从悲剧起步,写一部能满足法兰西剧院口味的、历史性的剧本。于是,他又从图书馆借来几十本书,仔细研读,他要从中找到一个写作题目。

1819年9月的一天,巴尔扎克在给妹妹写的一封信中,终于宣告他确定了题目,他要以16世纪英国资产阶级的领袖人物克伦威尔作为描写对象,创作诗体悲剧。纵观整个近代史,他觉得只有这个题目能够向他提供最合适的材料。这个刚踏上文学之路的年轻人开始了自己处女作的创作。

全身心地投入到创作上去的巴尔扎克表现很是惊人：他三四天不出门是常事，不分昼夜地伏案写作。如果不得不走出家门，那就是他需要买一些必需品，比如面包、水果。更重要的就是采购制作咖啡的原料，这能给他疲劳过度的神经增加动力。

冬天来了，巴尔扎克对寒冷十分敏感，在没有火炉、不断灌进凉风的屋子里，面临着手指冻僵而不能写字的威胁，但坚持写作的意志促使他坐在桌前，肩头裹着从妹妹那儿讨来的"旧披肩"，头上戴着央求母亲织的一顶帽子，用父亲的旧毛毯盖着两脚，一件法兰绒背心护着胸部，始终没有放下手中的笔。

为了节省燃料，实在冷了，他就待在床上写作，一连几天不下床进行悲剧的创作。

这些生活上的困难，巴尔扎克觉得还是可以解决的，让他忧心忡忡的是灯油的开支。随着冬天的来临，白天越来越短，在这间顶楼里，一到下午3点必须开灯，因为他是需要白天黑夜连续开工的。

其实，写作上遇到的问题才是巴尔扎克感到最苦闷的。写作千行长诗《克伦威尔》，需要的格律句法、整齐抑扬的节奏，不是巴尔扎克的强项；需要的恬静、隐忍的气质也与巴尔扎克浪漫奔放的天性格格不入。他的想象雄浑瑰丽，而这种讲求格律声韵、创意奇巧的诗体是不需要的，巴尔扎克逐渐感觉自己追求的古典雅韵的悲剧变得毫无生气了。

虽然巴尔扎克期待自己的第一部作品能够获得成功，有时还非常充满自信，但内心也纠结不已，经常自问："我到底行不行呢？我能写出使自己一举成名的佳作吗？"

不过，事到如今，巴尔扎克知道"开弓没有回头箭"，他必须写下去，坚持写下去的一个重要原因就是：一定要做出点成绩来，在母亲询问的时候，有所交代。凭着坚强的毅力，巴尔扎克忍受着生活、精神上的压力，继续着自己的文学创作之路。

4. 困境中的朋友

在《克伦威尔》的整个创作过程中，巴尔扎克一直被一种矛盾的心理纠缠着：每当他文思泉涌，对自己的能力非常自信的时候，他总认为正在创作的《克伦威尔》是优秀的，而且自豪地宣称："我的悲剧将会成为传世之作。这个惊世的杰作一定会打响我的头一炮，否则我将在这试验的沙滩上结束生命！"

然而，一旦在创作中遇到问题时，另外一种绝望的情绪就会随之而来："我发现自己没有足够才干。因为这个问题，我面临的困难就无法克服了。"

其实，这种情绪的存在是正常的。巴尔扎克自身所处的环境、所面临的难题不是一般人能承受的。他在创作的整个过程中，快乐、女人、饭馆、咖啡馆等都是接触不到的，他过于紧张的神经也得不到稍微地松弛。

巴尔扎克天生胆小，笨手笨脚的他不敢与女人接触，在学校期间，他也只和男生来往。因为父母对他过于吝啬，他虽已成年，但因为营养不良，身材矮小，再加上不修边幅的外表，很少有人对他感兴趣，更别提女人了。他与人缺乏沟通交流，不会跳舞，在上流社会的生活规则面前表现得更是一塌糊涂。

他缺少广交朋友的经济条件。这个时期的巴尔扎克恨不得一个苏当成三个苏来花，他没有资格和能力进入咖啡馆和饭馆，只能对着店里的玻璃窗照着自己面黄肌瘦的脸庞，只能看着青年作家与新闻记者在里面喝着咖啡聊天。

但是，苦修中的巴尔扎克还是有一个朋友的。

小达伯来恩是一位商人，在巴黎这个城市批发铁器，也是老巴尔扎克的朋友。当他知道巴尔扎克与家里所发生的事情后，对巴尔扎克坚持自己的理想的行为很是欣赏，于是就常来关怀困难中的巴尔扎克。

虽然小达伯来恩对文学并没有多少了解，自己又是一位城郊商贩，但对能从事文学创作的人很是敬仰。于是，在结束了自己一天的工作后，他经常领着年轻的巴尔扎克到法兰西剧院，在那里看一场戏。饱餐一顿后，再去欣赏拉辛华美的诗剧。这位可敬的商人对巴尔扎克身心的补充，让他感恩戴德。

小达伯来恩虽然年事已高，在没事的时候也会艰难地爬上巴尔扎克的阁楼，以陪着巴尔扎克浏览拉丁文练习来自修。写作的烦恼、内在的疑虑常使巴尔扎克痛苦万分，在一旁看着的小达伯来恩对此除了鼓励，别无他法，但在小达伯来恩的眼中，巴尔扎克是个天才，他的这个认识比其他人早了整整十年。

巴尔扎克从小达伯来恩身上看到了道德的巨大威力，这与从自己家庭中看到的嗜钱如命的吝啬本能截然不同。他觉得在小达伯来恩身上表现出来的活力，比任何具有体面职业和阶层的人们身上显现出来的都纯洁得多。很快，在这位年轻而孤独的作家和老人之间产生了深深的友谊。

后来，巴尔扎克在自己作品中表现平凡而诚实的市民生活时，曾经满怀感激地向这位对他伸出援助之手的人表示敬意，感谢他在自己最苦难、最孤独的时候伸出的友谊之手，缓解了自己身心的痛苦。

5. 处女作的"审判"

　　巴尔扎克为了尽快获得自由和名声，必须迅速完成他的悲剧《克伦威尔》，他不停地写着，是那样疯狂，以至于手指发烫、头痛欲裂，仍不放下笔坚持赶制那乱七八糟的诗句，使自己尽快得到一个结论：他究竟是一个天才，还是应该像父母所希望的那样回到律师事务所工作。

　　但是很遗憾，他对这部自己全身心投入的作品成为杰作的把握越来越小了。他希望能得到良师益友的指导，使自己的头脑保持清醒。令他痛苦的是，他没有这方面的朋友，只能向自己的妹妹诉说："今后再谈到我的作品时，千千万万不要再说'挺好的'，收起一切赞美的话，只要指出我的缺点。"悲剧的创作越接近尾声，他的这种苦恼就越多。

　　经过几个月艰苦卓绝的工作，1820年4月，《克伦威尔》的草稿终于完成了。接着，巴尔扎克来到亚旦岛，住在一个朋友家，修订整理自己的处女作。5月他带着自己的完成稿回到家中，准备向众人宣读。

　　此时家中的气氛还算是比较融洽的，财政状况略有好转，他所钟爱的妹妹萝尔也已经出嫁。她嫁给了一个姓德·苏维尔的土木工程师，还是贵族出身，家道小康。在巴尔扎克的父母看来，这是一门高贵的婚姻，觉得很满意，这对他们缓和对巴尔扎克的态度也有一定的作用。

另外，巴尔扎克在巴黎忍饥挨饿，闯过各种难关没有借一分钱，最后完成了一本两千行的稿子，这让父母有所感动。再加上小达伯来恩对巴尔扎克生活艰难和工作状态的真挚描述，他们对儿子放弃法律事业大好前途的抱怨也有所减少了。

看着那本两千行的稿子，他们也开始怀疑自己对儿子的苛刻，是不是过分了，也许他真的有这方面的天分呢？如果真的能在法兰西剧院进行一场演出的话，那儿子在文学方面的潜力还是值得挖掘的。

这样想着，巴尔扎克的母亲对儿子完成的稿子也产生了空前的兴趣，为了使他在公开阅读时能够顺利，她竟然从头到尾认真地抄写了一遍，以便使它发挥最大的动人魄力和效果。这种变化令巴尔扎克惊喜，感觉自己在家中的地位有所提高了，也很期待公开朗诵的日子。

终于，决定巴尔扎克命运的时刻到了。

1820年5月的一天，巴尔扎克家的客厅里被郑重其事地布置了一番。圈椅摆成半圈，全家人热切地坐在一起，包括巴尔扎克的父母、外婆、妹妹萝尔及其丈夫、两个弟弟。为了使评判更为公正、客观，巴尔扎克的父母还邀请了几位朋友，其中有纳克卡大夫。小达伯来恩为了不错过巴尔扎克的公开朗诵，专门从巴黎坐了两个小时的马车也赶来了。

年轻的巴尔扎克坐在摆着稿子的桌子前，面对着一群没有经验的听众，很是紧张。他拿起稿子，磕磕绊绊地开始读了起来："第一幕，第一景……"很快他就加快了速度，十二级音诗在安静的会场响着，一直持续了三四个小时，客厅里的气氛也由最初的高昂、兴奋渐渐变得沉闷与无聊起来。

当这本两千行的悲剧终于被巴尔扎克气喘吁吁地念完之后，在场的听众似乎都有种解脱感，大家都不想贸然给这个剧本的优劣以及巴尔扎克是否有天赋下判断，怕因为自己的经验不足而有失公平。

由于大家对巴尔扎克的作品都不敢轻易下结论，德·苏维尔想出了一个办法：建议让一位权威去评判这部作品。他想起自己上学时候的一位文学史教授曾创作了不少诗体喜剧，而且大多数上演过，他又在法兰西学院执教，毫无疑问，他可以成为这本书稿最合适的评判人。

这个建议得到了大家的一致通过。于是，巴尔扎克夫人与女儿带着巴尔扎克的处女作赶往巴黎拜见这位教授。教授关于巴尔扎克所创作的悲剧评语一直为世人所公认。他认为作品没有表现出任何成功的可能，但并没有完全否认巴尔扎克的文学才华。在写给巴尔扎克夫人的信中，他委婉地写道：

"我非常不希望使令公子失望。但我还是认为他能够比写作悲剧和喜剧更好地利用他的时间。倘若他能够使我高兴地来看我一次，我必然会向他解释清楚我的意思，告诉他研究文学的方法，不需要以写诗作为职业，他将从文学中得到什么好处。"

巴尔扎克的父母听从了教授的建议，于是母亲劝告巴尔扎克，可以把纯文学当作一种爱好，一种所谓"正当"职业后的"副业"，谋求一个健全而获利的职业才是当务之急。巴尔扎克却没有动摇自己的想法，虽说《克伦威尔》失败了，但潜意识的本能告诉他，他还是认为自己应该成为一个"职业诗人"。

就这样，巴尔扎克对父母的劝告仍旧拒绝妥协。与父亲签订的合同，两年的时间只剩下一半了，他必须在这一年的时间继续努力。怀着坚持不懈的精神，不服输的巴尔扎克又回到了巴黎，继续自己的创作。

第三章　自谋生计

1. 创作流行小说

重新来到巴黎后的一段时间，巴尔扎克不愿意承认自己苦心创作出来的《克伦威尔》是一个失败品。他跟朋友小达伯来恩商量，想让这部作品在法兰西剧院演出。小达伯来恩与戏院有一定关系，于是找到一个朋友，通过这个朋友间接找到一个名叫拉冯的艺人，想劝说他接下这个作品。

然而，没过多久巴尔扎克又叫小达伯来恩不要再活动了，自己把稿子扔进了书柜，发誓一辈子不再看这个被"枪毙"的作品。因为他意识到，一个人只要知道自己的内在力量，就应能承受各种打击，没必要去自取其辱。

创作与金钱，按照巴尔扎克以前的观点是势不两立的，创作应该是纯洁的，是至高无上的。但第一部作品的失败让他这种观点改变了。现在他已经尝到了从高处掉在地上的滋味，他开始注重实际了。父母给他提供的费用本来就很少，而且距离两年的期限越来越近，巴尔扎克的危机感越来越重，他还担心善变的母亲突然中断供给，勒令他回到律师事务所，那样他的作家梦就会被打破。

此时的巴尔扎克第一次真正意识到金钱的能量，金钱不是万能的，但现在的他没有钱却是寸步难行。巴尔扎克觉得自己最要紧的事情就是通过写作赚钱，必须自己养活自己，这样他就不用向自己的父母要钱了，因为巴尔扎克感觉他们给钱的时候就像在打发乞丐似的。有了钱，才能认真地写作，才能有不朽的著作，才有可能成为文学上的大家、名家。

但是什么样的作品才能产生立竿见影的经济功效呢？经过探索，巴尔扎克发现当下最受读者欢迎的就是小说。任何形式的小说，战争的、浪漫的，或是传奇性的小说，都能得到大量读者的支持。比如，拜伦创作出来的"海盗"们，在当时因为能挑动人们内心的恐惧而大受欢迎。

于是，巴尔扎克有了自己的打算，也要在这股流行小说中淘一桶金，并已想好了写一部历史小说。其实，他并不是被拜伦等人的成功所引诱的第一人，雨果在这一方面也早已大展身手。但是，他们能成功是有原因的，拜伦和雨果本来就是诗人出身，他们对遣词造句的技巧已十分娴熟了。

巴尔扎克想要加入流行小说的行列，就只能蹒跚地走模仿借鉴的捷径。在他写的小说中，只是借用了最低劣的小说的历史背景和一个依葫芦画瓢式的场景，再把那些在任何一本无聊的小说中都能找到的角色搬到舞台上。小说只是简略概括了战争的进攻、防守，直到退守到最后的阵地，以及一些血流满面的英雄。

另外一部仅仅写了一个片段，是用书信的格式描写"意志的理念"，并且只写了一个故事梗概。后来，这个底稿的一部分竟然还被安插到一部小说里去凑字数。用这样的表现粗制滥造出来的东西，当然是卖不出去了。

巴尔扎克低头忙着赶制小说，日子一天天地过去了，巴尔扎克在小说方面的表现仍旧是失败，家里的母亲就等着中断他那微弱的经济来源呢。他忍饥挨饿，想实现独立自主挣钱的愿望化为泡影了，两年的期限即将来临。1820年11月15日，他接到家中的通知，被要求在1821年1月1日从现在住的地方搬出去。

巴尔扎克感到自己的处境异常艰难了，他也在期盼出现一个奇迹使他的状况能柳暗花明，得以迅速转变。

2. 小说制造厂

俗话说：天无绝人之路。正在巴尔扎克处于穷途末路、前途渺茫时，他认识了一个名叫德·来哥罗维那·勒·波阿特万·奥古斯都的贵族青年。他平时也写点文字，并且还找到一个出版社，把自己胡乱拼凑的一部小说出版了，得到了800法郎的报酬。这样的经历，使他看中了这个行业，想寻找一位有才气的、又急需金钱的合作者，共同从事这个行业，那样就能迅速赚钱了。

当巴尔扎克向这位朋友抱怨自己的经历时，勒·波阿特万分析说，巴尔扎克之所以遇到这些倒霉的事，主要原因是他对文学抱有的野心过大。良心与写小说没有什么关系，没必要太认真地对待。只要找到一个出版社感兴趣的题材，用最快的速度写上几百页，就能迅速完成一本小说。

接着，勒·波阿特万就说自己已经找到一个出版社，巴尔扎克可以和他合伙写完一部小说，或者他们共同设计故事情节，再由巴尔扎克一个人去写，勒·波阿特万则负责联系出版方面的事情。只要巴尔扎克同意，他们马上就可以进行合作，巴尔扎克也就很快能拿到钱，并使自己的状况大大改观。

这个建议与巴尔扎克昔日的梦想有着天壤之别。他一旦这样做了，就是为了几百个法郎而浪费自己的真正才干，也会使自己沦落到声名狼藉的地步。一年以前，他还曾想要使自己的名字永垂青史，并且要超过拉辛。但是现在他别无他法，巴黎的房屋必须放弃，如果他不能靠自己的笔自食其力的话，父母也不会再允许他进行第二次自由的选择了。

于是，巴尔扎克和勒·波阿特万达成了协议：勒·波阿特万已经在写的，或者有了草稿的小说，由巴尔扎克最终完成，但只是作为一个"幕后"作家，不署名；至于"制造"小说工厂以后的产品，则由两个人共同署名。就这样，巴尔扎克为了难得的创作自由，出卖了自己的艺术创作野心及姓名。

带着这个协议，巴尔扎克回到家中。在家中，他接到了第一个写作任务，并把自己所住的小屋变成了小说制造厂。

由于他的伙伴与代理人的有效活动，托付给他的写作任务不断到达。巴尔扎克开始工作了，把自己全部的精神和力量都投入了进去。他不分昼夜地写着，完成的稿纸一摞一摞的，每天至少写二三十页，甚至一天写一章。他在三天之内，就能用完一瓶墨水，而且用掉十几个笔头。

巴尔扎克家人对他的变化很是欣喜。尤其看到第一本书800法郎，又很快达到2000法郎，他们很快就改变了对巴尔扎克职业的看法，不再认为是荒谬、无意义的了。当然，这其中也有巴尔扎克终于能够经济自立，不用再让他们破费了的原因。

巴尔扎克的父亲看到儿子的小说签署的都是假名，他明白这是为了避免巴尔扎克尊贵的姓氏受辱，对于儿子的这种做法，他还是满意的。相反，巴尔扎克的母亲喜欢干涉她儿子的每件事情。她把设在巴尔扎克的小说制造厂当成了家庭的事务，她总是对自己的儿子感到焦虑，批评他缺乏自己的风格，督促着他校正底稿。

巴尔扎克对母亲这种无休止的唠叨感到厌烦，他感觉自己在家里越来越受限制，简直到了忍无可忍的地步了。他迫切希望在巴黎有一间属于自己的屋子以得到真正的解放和自由。

3. 不光彩的写作

巴尔扎克工作时像带有一种魔力，并且这种魔力让他的合作伙伴都吃惊。他帮助勒·波阿特万完成了第一部小说。在这个小说制造厂里，他以"汝纳男爵"为假名独立完成并发表的或是与勒·波阿特万合作的作品有十六至二十卷，而仅在1822年，他就完成了三部每部四卷的小说。

在感觉民众即将识破这一切之前，巴尔扎克就在后面的两部书上换名了，以"德·圣·沃盘·奥雷斯"取代了"汝纳男爵"。这个新名字使得出版家多付给他一笔费用。他想如果一年写五本或者十本小说，只需几年，他就能变得富裕阔绰起来，而且能永远地保障他的经济独立自主了。

谁也不知道巴尔扎克所写的和出版的多用假名的拙劣作品，到底有多少部。只能肯定地说，那些以"汝纳男爵"及"德·圣·沃盘·奥雷斯"发表的小说，只是他在这些年里写作的一小部分。

在巴尔扎克二十二岁至三十岁这几年中，无论什么样式的文学作品，不论委托他什么事，不论哪种人际关系，巴尔扎克都不认为有损于他人格的尊严。于是，任何人只要付给巴尔扎克一定数目的金钱，他就立刻得到巴尔扎克的署名权。

就这样，这位19世纪最伟大的作家之一，用一种无所谓的、漫不经心的态度出卖着自己的手笔。只要他们给巴尔扎克钱，只要他们找到巴尔扎克，他什么都可以写。他服务的对象不仅包括那些令人厌恶的政客、名不见经传的出版家，甚至还有丑态百出的经纪人。

在1824年，这个以他唱独角戏的制造厂，为了适应民众不断改变的口味，把产品"小说"改为生产所谓的"法典"和"生理学"。接着，根据这个新鲜花样，这个"小说制造厂"出产了一大串"法典"来，如《诚实君子的法典或不被恶人欺骗的绝招》《女人系领结的艺术》《婚姻的法典》（后来扩充为一本《婚姻生理学》）等。

巴尔扎克一手炮制的这些"法典"销路竟然不错，有几种居然卖出了上万册。至于这些小册子到底有多少种，谁都不知道，没有人愿意承认这些不光彩的事情。但可以断定的是：巴尔扎克炮制出来的这些作品，没有丝毫的艺术性或者文学性。

刚开始，巴尔扎克是因急于获得自由而写，渐渐地愈陷愈深，以至于后来想依靠这样的写作来发财，于是他为了钱财，哪怕是极少的报酬，也愿意尽情滥用自己的天赋。

后来，由于勒·波阿特万的撤出，合同终止，巴尔扎克成了这个工厂的唯一股东，他把其他产品继续出版了。他对自己迅速赚取金钱的能力感到满意，决心变成法兰西第一"制造小说"工厂的老板。

由于巴尔扎克在以尽可能的速度炮制作品来赚取金钱，因而他对于作品的风格前后是否一致以及材料的出处等问题完全不在意。有一次，他发现自己的妹妹在家里没有什么事情，就建议她也加入自己"制造"小说的过程，在他写小说的第一卷时，妹妹可以写第二卷，那样他们完成的速度就会加快。

其实，在他疯狂写作的过程中，巴尔扎克也曾意识到，自己这样做，不仅与自己以前的梦想格格不入，而且是自我价值的贬值。在这些作品上，从来不能看见他的大名，到后来，他竟坚决地拒绝承认那些作品是他创作的。

对于自己一直亲近的妹妹，巴尔扎克在她面前有时候也觉得难堪。有一次，妹妹听说他完成了一部《比拉克的嗣女》，想让哥哥给她一本，却遭到了拒绝。因为巴尔扎克自己也知道，那实在是一部下流的作品。大家也许都能想到他的理由——怕别人看见这本书并传播出去影响他的声誉。

由此可以看出，巴尔扎克对自己的这些作品是没有多大信心的。只是因为合同紧紧地束缚着他，让他以最快的速度供给印刷者最大数量的书稿，看自己到底能得到多少钱。

渐渐地，巴尔扎克开始清醒了，这或许是他尚未泯灭殆尽的良心在某个时刻、某件事情上受到了巨大的刺激。他开始为自己的才华浪费在这样的事情上而感到难过，对自己以前写的那些所谓的"文学作品"而感到羞耻了。同时，他也鄙视那些曾为他的作品到处活动的人，虽然那些东西是他特地为他们而写的。

在巴尔扎克的心中，始终相信自己凭借才华必将有所成就。正是这种潜在的预感，才使这位最富于空想的作家，在现实生活中，慢慢地苏醒，慢慢地知道珍惜自己的才干，不再亵渎自己的价值，也为将来真正的成名开始了奋斗。

4. 失败的出版家

通过不分昼夜地制造小说，巴尔扎克在争取经济独立上面的尝试已经获得了成功。只要他继续不知疲倦地工作，每个月只需耗费一支笔和几本稿子，他就能挣到一笔非常可观的收入。而且在此时他已得到一个无私的爱他的女人的帮助，精神方面也成为独立的主人了。他一旦再成为自己物质方面的主人，就可以开始从事他理想的职业了。

1824年冬天的一天，巴尔扎克走进一个出版商兼书贩的店铺，来推销自己最近的小说。这位名叫康奈尔·雨尔班的先生知道巴尔扎克的稿子总是能按时完成，而且那些凶杀暴力的、缠绵的以及充满异国情调的内容很受读者欢迎，所以毫不犹豫地把巴尔扎克的稿子接了下来。在聊天的过程中，巴尔扎克得知这位出版家正在盘算一个绝妙的商业机会。

原来，康奈尔先生觉得现在关于法兰西古典作品虽然有很大的需求量，但写的作家已经很多，而且已经有很多版本，在一般的家庭中这样的书也不少了，如果能出版某一作家的全集，并且只印成单行本，再加上精美的插图，这些书肯定会畅销。康奈尔先生说自己已经策划了每一个环节，就等一笔数目可观的资金来启动这件事。

得知这个消息，富于幻想的巴尔扎克立刻兴奋起来的。虽然康乃尔先生仅仅谈了关于古典书籍印成单行本的事，他却平添了不少幻想：他已经把那些装帧精美的插图拿在手里，整个丛书的版本都印刷出来了，看到了康奈尔先生的柜台上一摞摞的订货单。

他还看见无数读者在排队购买，兴奋地读着这些珍贵的书籍，而自己的钱柜里塞满了法郎，自己住在一所豪华的房子里，摆在家中的沙发上面铺着精美的锦缎，墙上还挂着名贵的油画。

巴尔扎克为这个计划的美好前景而高兴得合不拢嘴，并且向站在他身边的康奈尔先生宣布，他愿意投资加入到这个计划中，并无条件地给作者写序言，向法国人民介绍他们是谁、有什么成就。总而言之，在巴尔扎克的想象中，印刷的丛书一定会成为这个时代最伟大的出版物。

就这样，巴尔扎克暂时放弃了通过自己的写作来获得物质财富的途径，决定从事这个新的冒险事业。他觉得商场上的投机事业令他很过瘾，他唯一的野心就是给自己找到一条出路，获得更好的物质财富，使自己过上一种更高一层标准的生活，至于目的和手段是不必考虑的。当然，现在的巴尔扎克也没考虑过失败的后果。

1825年4月，他们的第一份合同签订了。这是一个由四个人组成的团队，他们共同凑了七八千法郎，作为出版单行本《拉·方登全集》的经费。巴尔扎克只不过是其中的一个小分子，所占股份为1500法郎。当然这几个人都没有很深厚的经济基础，都是抱着投机的想法，想从这笔商业投资中大赚一把。

但是很不幸的是，他们聚集在一起的第一次会议就充满争吵，甚至差点打了起来。所以，合作并没有持续多久，在这一年的5月1日，其他三个合伙人撤出了资金，只剩下巴尔扎克这个理想家了。

现在的巴尔扎克必须要出资将近9000法郎，这样才能承担整部《拉·方登全集》的开支。这对于他来说可是一笔不小的款子，怎么解决呢？向父母张口借还是迅速完成两三部小说挣得稿费呢？在现实面前，这些办法都是行不通的。没办法，最后还是爱他的德·柏尔尼夫人帮他凑足了钱。

《拉·方登全集》出版了，可是还没有等着看销路如何，巴尔扎克就急着准备出版第二本《莫里哀全集》，并劝说一位朋友出资帮忙印刷。在他看来，两本书比起一本书来，也许更容易销售出去。

问题慢慢出现了，由于巴尔扎克急于出版，狡猾的商人利用他急切而疏于检查的心理，把已经发黄的纸张供给了他，插图制作也很糟糕，印出来的铅字非常小，即使视力很好的人也读得吃力。

为了能赚取最大限度的利润，巴尔扎克经过计算，把售价定为20法郎。但是，令他没想到的是，不管是书贩还是读者，都不能接受这样高的价格。第一批印出来的一千册，在年终时，总销售数不过二十本。但是印刷的、装订的、造纸的费用，都必须现金支付。

为了挽回损失，巴尔扎克不得不把书价降到了13法郎，但销售情况仍然毫无起色；接着，他又降到十二法郎，还是无人问津他的这些书。最后，为了周转资金，巴尔扎克不得不把所有的存货低价甩卖，却又被书商欺骗了。一年的辛苦忙碌后，巴尔扎克不但没有赚到他所期待的财富，而且还负债一万五千法郎。

当二十六岁的巴尔扎克被他的债权人追债，被执行法律的官吏等待时，并不甘心承认这是命中注定的，苦闷中的巴尔扎克就取笑他们为自己寻开心，并且把负债之事大肆渲染，希望获得人们的尊敬。那时，还没有成为文坛上的拿破仑的他，从心里是禁不起这样的一个失败的。

5. 印刷厂的失败

巴尔扎克的出版家冒险经历彻底失败了，或许是不愿意向怀疑他能力的父母承认失败，或许是不愿意让支持自己的德·柏尔尼·罗尔失望，此时的巴尔扎克就像一个赌徒一样，决定用更多的资本继续冒险，把以前的资本捞回来。

巴尔扎克从出版经历的失败中总结的经验是：不能只做出版家，因为那些印刷商要价很高，会把利润都抽去的。他认为，在写作、出版、印刷中，印刷是最有利可图的。只有自己写书、自己印刷、自己出版，才能赢得最大的利润。于是，巴尔扎克决定要从事书籍的各个环节——即写书、印刷、出版，来挽回自己在出版方面的损失。就这样，他在生意上的第二个起点开始了，即重新开设一家印刷厂。

在当时，创办这样的企业，需要王家的执照，需要懂印刷技术，需要厂地和机器，当然更需要资金支持，可巴尔托克除了想法，这些条件一样也不具备。

巴尔扎克很快就开始行动了。他在印刷《拉·方登全集》时便注意上一个名叫巴比耶尔·安德烈的印刷老手，以提前支付工资的形式说服了他，来帮助自己负责印刷厂技术方面的指导工作。接着，巴尔扎克找到了德·柏尔尼先生，并通过他的关照，弄到了印刷厂开业所必需的执照。

很快，巴尔扎克想要的印刷厂也找到了，这间小而且脏的印字房，位于塞纳河岸上的一条狭窄的巷子里，几乎处于停业状态。这家印字房的主人痛快地答应出售，并为能遇到巴尔扎克这样肯出好价钱的买主而感到很幸运。

最难解决的就是资金问题了。巴尔扎克需要购买专利权、支付技术顾问巴比耶尔的工资以及其他开支，这些费用至少需要五六万法郎。他本来的债务就高达一万五千法郎，现在还要筹集这么多钱，可以想象，这样的难度有多大。

令巴尔扎克没想到的是，巴尔扎克的父母，对于这项有诱惑性的投机事业，并未提出反对意见。于是，巴尔扎克把握住机会，用自己的乐观主义精神说服了父母，同意借给他一千五百法郎。由他的父母作保，德兰诺瓦夫人出资三万法郎，剩余的又是由心甘情愿为巴尔扎克付出的德·柏尔尼夫人提供。

1826年6月，巴尔扎克的印刷厂正式开张了。巴尔扎克对待自己的新工作是非常严肃认真的。他每天一大早就穿着敞着领口的衬衫，跟工人一起，在那间散发着油墨味和纸味的屋子里，挥汗如雨拼命工作，直到深夜。

在巴尔扎克看来，印刷厂任何一件琐碎小事都是重要的，因此他亲自参与每一件工作。他参与排字，校正铅字盘，还要估算成本。在这间狭小的房间里，巴尔扎克肥胖的身影在人群中穿梭，监督工人们干活。在带着玻璃扇的小办公室里，他跟书贩、纸商们讨价还价，哪怕为了一个苏也尽量争取。

在忙于印刷厂工作的日子里，巴尔扎克似乎丝毫不记得自己在文学上的宏图伟志，把一切精力都放在了能给自己带来财富的印刷事业上。他想要自己的印刷机永远转动，并建立起一个庞大的业务关系。因此，无论什么稿子他都接下来。于是，他们印刷的都是一大堆庞杂的小东西，譬如小册子、计划书、广告等。总之，主顾拿什么来印他就印什么。

一个人的才干用在不同的范围里，产生的结果往往就不同，甚至是相反的。巴尔扎克的乐观精神和丰富的想象力，用在他的商业活动中，就注定会是倾家荡产的结果。

因为需要资金，巴尔扎克不得不把以前积压的《拉·方登全集》和《莫里哀全集》以相当低的价格卖给书贩包都安，两千五百本总共才卖得两万两千法郎，没想到的是，包都安只给了他五千法郎的现款，剩下的一万七千法郎，包都安却给两家书贩的两万七千法郎的支票，让巴尔扎克自己去找书贩讨钱。

巴尔扎克拿着支票去两家书贩讨钱的时候，没想到的是，这两家书贩竟然同时宣布破产了。债台高筑的巴尔扎克别无他法，决定能拿回多少是多少，就把乡下那家书贩积压的书籍抵债了。就这样，折腾了一圈，巴尔扎克并没有收到现金，而是收获了一大批不值一文的书。

工人们的薪水不能用抵债来的书来支付。供给这家印刷厂的纸商们听到了消息后，坚决要求巴尔扎克立即把他们之间的账目结清。于是，工人们在印刷厂越来越难看到老板巴尔扎克的身影了，尤其是快到周末时，一整天也不见他来监督印刷厂的工作了。

巴尔扎克并没有放弃努力，他用自己残存的力量支撑着，一家一家地去说服他们，请求允许他延期付款，同时到处寻求借钱的可能性。在短短的一段时间里，他经历到了一切令人难堪的场面，但他仍然顽强地坚持着。

熬到1827年的夏天，巴尔扎克最终还是失掉了一切，连付给工人的一个苏都拿不出来了，再也支持不下去了，只能洗手不干。

6. 第三次失败

连续两次的失败，使巴尔扎克债务缠身，他面临的出路只有两条：要么立刻宣布破产，要么通过私人之间进行处理。令人意外的是，巴尔扎克选择了第三个可能性，想继续通过扩展他的事业来避免破产，这就是关于铅字铸造厂的计划。

原来，巴尔扎克得到一个消息，有个叫德瑞希·彼得的人发明了一种新的印刷方法，据说这种方法"不用铸字型的坩埚，也不用翻转和矫正铸字模型"。巴尔扎克对这种方法产生了极大的兴趣。他有一种预感，这一发明创造会带来技术的革新。如果能很好地把握并利用这个新方法，肯定会带来滚滚的财富。巴尔扎克认为自己又找到了一个挽救失败命运的机会。

于是，就在他的印字馆濒于破产之际的1827年9月，一个新的印刷事业集团又成立了，成员包括巴比耶尔、巴尔扎克和劳容。12月，他们已发出了第一次通告。在这个新集团内，巴尔扎克只负责这个新方法的广告事宜。他准备了一份精美的册子，里面包括所有能用到的新字型的样品，这些都是印刷家和出版家所能需要的东西。

就在新企业马上开张之际，巴比耶尔却突然宣布退伙。紧急时刻，又是德·柏尔尼夫人出手支援，买下了巴比耶尔的股份，又拿出九千法郎，这才使得新企业暂时不至于倒闭。

然而债主们听说他们唯一可信赖的股东已退出，又聚集起来开始讨债了。要求偿还账目的纸商和书贩、追还贷款的放款人、要求发工资的工人蜂拥而至。终于在1828年4月，巴尔扎克加入的第三个合作团体，因无力清偿债务而宣布破产了。

巴尔扎克接二连三破产的消息是瞒不住他的父母的，而且，这个坏消息使他的父母感到十分震惊。起初，他的母亲还想尽量隐瞒那已经82岁的丈夫，但是，纸是包不住火的，问题必须面对，巴尔扎克的父母不得不慎重思考。

在巴尔扎克青少年时期，他的母亲对他漠不关心，只记得给他零用钱，现在为了避免巴尔扎克家族中有人以"破产者"的头衔出现在报纸上，避免自己在亲戚朋友面前丢脸，她无可奈何地宣布情愿再牺牲一次钱财。

于是，巴尔扎克的母亲找到自己的一位表亲——德·赛地洛先生，让他帮忙来办理清理工作。他用了将近一年的时间，才把巴尔扎克经办的几个商号以及混乱的债务整理出来。最后交给巴尔扎克手里的是一张"资产负债表"，上面显示他输得是一败涂地。

巴尔扎克已经二十九岁了，在经济上依然不能自立。十年前，他虽然一无所有，但也不欠别人什么；而现在却欠了父母和德·柏尔尼夫人将近十万法郎的债。10年中，他为工作牺牲了自己的所有休息时间，没有安慰、拼命地劳动，最后却负债累累。

然而，巴尔扎克也不是一无所获，他得到了一笔无形的资产。多年来的艰辛生活，使得他面对现实的压力时，学会了如何去看这真实的世界和众生日常的许多表演。他也深深地体会到，在一个物质至上的社会里，金钱具有的巨大作用。他知道了多得不可胜数的，关于社会千奇百怪的人和事。同时也学会了去观看、去描绘那些生活中贫困的无奈、卑贱中的高贵，以及隐藏在人们内心的力量。

生活的磨炼也使得巴尔扎克具有了现实主义的慧眼，想象力极大的丰富。如果没有经历种种磨难、次次绝望，他的艺术才能就不会迅速走向成熟，也不会创作出一个与现实世界不同的、属于他自己的世界。

第四章 文坛新秀

1. 心灵的磨炼

尽管巴尔扎克的投机事业最后的结果是全部崩溃，但他的乐观主义精神似乎没有受到什么影响，这可能与他从父亲那里继承的顽强生命力有关。他也不为所负的巨额债务而发愁，在他看来，债务就如同他想象中的财产一样，简直不像是真事。

但是，对于巴扎克来说，尽量躲避登门索债的债主们，避免正面接触带来的麻烦还是很有必要的。于是巴尔扎克离开家，开始了东躲西藏的生活。但他坚持留在巴黎，一是为了谋生，二是为了接近自己的情人德·柏尔尼夫人。另外，他还必须随时转移住处，来躲避寻找自己的警察。

巴尔扎克找到的第一个藏身之所是德·拉杜舍·亨利的家里，他们认识的时间并没有多久。拉杜舍对巴黎新闻界的情况很熟悉，知道了巴尔扎克的经历后，对他很关心。这个拉杜舍有个优点，就是很善于吸取他人的长处，虽然自己没什么天分，却有一双伯乐的眼睛，善于发现天才并能分担天才的不幸。

对于巴尔扎克这个即将到而立之年却没有显示天才迹象的破产的印刷商，拉杜摄真诚地呈献上自己的友谊和尊敬，他鼓励巴尔扎克不要灰心，鼓励他在写作上再试一次。在巴尔扎克所处的状况下，再没有其他人这样善待他了，足以说明拉杜舍识人的能力。

但是，巴尔扎克有自己特殊的工作方式，只要开始工作，就禁止任何人打扰，也会没日没夜不停止。这样他就需要一个独立的小屋，没多久，感觉到不是很方便的巴尔扎克就离开了拉杜舍的家。

接下来的问题是，巴尔扎克如果用自己的姓名去租房子，债主们肯定会接踵而来，巴尔扎克的门铃也会响个不停。为了巴尔扎克能够有个安静的环境，德·苏维尔家同意他借用自己的姓氏，于是巴尔扎克搬到了卡西尼街上的一所小房子里，对外称为"苏维尔先生"。

卡西尼街处于近郊，那里居住的都是一些普普通通的人，巴尔扎克在那里居住长达九年之久。就是在这里，他用自己丰富的想象力创造出来无数鲜活的角色。这里的住所，只有他的两个朋友知道，德·柏尔尼夫人和住在楼下的画家波尔志·奥古斯都。

这个住所包括起居室、书房和卧室以及一间小浴室，费用不到四百法郎。巴尔扎克刚搬进新居之时，就想要花一笔钱来进行装饰，好好享受一下。虽然他没有钱购买更值钱的铜器、烟盒、马车之类的必需品，但屋里也不缺少价格低廉的奢侈品。他逛遍了古董店和古玩铺，就为了买那些无用处的摆设品。不仅他的父母，连他的朋友也为他的这种嗜好感到好笑。

他的书房简直就是一个僧院，里面的布置多少年来一直保持不变。屋里的一张小桌子，不论什么时候，去什么地方，他总是带着。烛台也是必须有的，因为巴尔扎克习惯在夜里工作。另外，在墙边摆着一架装纸张与稿件的橱柜。这就是巴尔扎书房里面的全部家当。

巴尔扎克装饰的重点是客厅、卧室及浴室。他的客厅被装饰得很有诱惑性，卧室以及浴室必须装修得温暖而舒适。因为当他从那工作的黑暗的小房中走出来时，他觉得这种温暖的感觉是非常必要的。他需要一些精致而脱俗的家具，以保证自己不会从梦想中突然醒来。

但是，举债的巴尔扎克怎么还敢这样花钱去买奢侈品呢？在巴尔扎克看来，一个人一个月有一百法郎时，他恨不得一个苏当三个苏花，在每花一法郎前肯定会考虑再三。而当他背负的债务达到天文数字的时候，他偿还了几百法郎，或是在已有的债务上再加上几千法郎，都是没有两样的了。所谓债多了不愁，巴尔扎克就是如此。

2. 第一部成功作品

十年艰苦的挣扎不仅使巴尔扎克认识到了自己工作的才能，也明白了自己从事工作最终想达到的目的。在经商的几年里，他并没有放弃写作，只是主要精力不放在上面。现在重新拿起笔来，如果再想在文学上有所发展，他必须全身心地投入到创作中。现在，巴尔扎克只是期望自己能通过写作挣钱来偿还债务，并维持生活，最终实现作为一名作家肩负的崇高使命。

在巴尔扎克看来，所谓作家的崇高使命，就是要努力"使事物改观"，"使人类力量获得新的发展"。巴尔扎克的书房里摆放着一座手拿佩剑的拿破仑塑像。巴尔扎克在自己偶像的剑鞘上刻下这样的字句："他用剑未完成的事业，我要用笔来完成它！"他以铿锵有力的话作为鞭策自己奋发向上的动力。

巴尔扎克很早就产生了一个创作构思，根据法国大革命旺代叛乱的事件为题材，写一部长篇小说。其实他早期也写了很多历史小说，但里面很多史料都是虚构的、错误的。随着责任感的日益增强，巴尔扎克幡然醒悟，觉得自己再也不能像以往那样凭空想象、胡编乱造了，所以，他决心要为这本他选的第一部真正意义上的小说一丝不苟地搜集素材。

幸运的是，旺代战争发生的时间还不太久，一些参加过那场战争的人仍然活着。巴尔扎克从图书馆借来幸存下来的人们所写的回忆录，研究有关战争的军事报告，并摘录了大量有用的细节。他还熟读各种地图，同时尽可能准确地寻找当时各个参战部队的军事行动。巴尔扎克找遍了所有能利用的材料，并仔细研究了两三个月。

巴尔扎克并不急于动笔。他认为直接观察生活所得到的才是最明确全面的，才能给人很深的印象，而这也是最敏锐、最丰富的想象力所比不了的。所以，置身于真实的环境之中，并积极发挥其独特的、丰富的想象力，这样创造出来的人物和景物才会生动，有吸引力。因此，巴尔扎克觉得前去朱安党人当时活动的场所，寻找第一手资料是很有必要的。

凑巧的是，巴尔扎克家族的一位老朋友就曾经参加过旺代战争，他亲自接触过朱安党农民军，又刚好就住在战争的发生地，这样的巧合让巴尔扎克异常兴奋。他迫不及待地给这位德·彭迈尔男爵写了一封信。而这位男爵或许是年老的原因，很喜欢有人听他说以前的战斗故事，于是巴尔扎克很快就收到了一封欢迎他前往的回复信。

其实巴尔扎克的经济状况已经非常糟糕，但他仍然认真地从一堆衣服中找出一件最考究、最贵的背心穿上，现在的他连最廉价的马车也坐不起全程了，最后的一段路不得不依靠两条腿走完。当巴尔扎克到达男爵的家门口时，蓬头垢面、衣衫褴褛的他差点被认为是落难逃荒的人。

巴尔扎克在老军人家一住就是两个月，这段时间里，他休养得很好。每天他倾听老军人讲述着战争故事，边记录边写作。他全身心地专注于他的工作，忘掉了巴黎，忘记了他的朋友，甚至是德·柏尔尼夫人。在几个星期之后，他就完成了几章新小说的内容，并寄给在巴黎的拉杜舍。

拉杜舍读后，立即断定巴尔扎克的这本历史小说有希望畅销，于是敲定出版，尽管这小说还没完稿，拉杜舍立刻就把一千法郎作为版税寄给巴尔扎克。资金匮乏的巴尔扎克也毫不犹豫地接受了。拉杜舍原以为巴尔扎克写作速度较快，会一天都不误地能拿出稿子。

结果却令他不愉快，他不得不一直催着巴尔扎克快点把稿子交出来，但巴尔扎克有自己的原则，除非他自己对稿子已经满意才交稿。当拉杜舍好不容易拿到了全部的稿子，并排好了版，巴尔扎克却又进行了许多的修改，不得不再一次排版。拉杜舍生气了，他认为巴尔扎克不停地删改，使他的金钱和时间都遭受了损失，但是巴尔扎克依旧我行我素，坚持自己的行为准则。

其实，巴尔扎克对稿子的认真是因为他的责任感使他意识到，他必须为他的姓名——奥诺雷·巴尔扎克负责。虽然他对生意失败负债总是抱着无所谓的态度，但写作在他心中占有很重要的位置，是一件非常重要的、容不得丝毫马虎的工作，因为只有这样才能使他的姓名永垂青史。

终于，巴尔扎克的《最后一个朱安党人》在1829年的3月发行了，这本书共四卷，第一次署了他的真实姓名——奥诺雷·巴尔扎克。尽管巴尔扎克和拉杜舍花费了不少精力为这部小说做宣传，但并没有取得预期的效果，一年只卖了四百四十部。

一向善于识人的拉杜舍也因自己对巴尔扎克的过早信任，导致金钱上的损失。而对于巴尔扎克来说，这是他第一本成熟的小说，但这本小说也成了自己前些年的胡乱写作所付出的代价。

3. 名声渐起

尽管《最后一个朱安党人》没有达到预期的轰动效果，但也是巴尔扎克正式进入文坛的第一步。可是，谁也没想到，由于一个偶然事件而产生的一个小小的作品竟然弥补了这次不完全的成功，让巴尔扎克的名气大涨。

原来，在巴尔扎克正忙着写作《最后一个朱安党人》的时候，他的地址被一个名叫勒瓦瑟尔的出版商发现了。勒瓦瑟尔来到他的住处，愤怒地说，一年前，巴尔扎克曾经收了自己二百法郎，答应写一本《商人手册》，却一直找不到人了。

其实，巴尔扎克早已把这件事忘记了，但现在他更不愿意停止手中的写作而去写一本流行小册子，可面对非要他履行合同的勒瓦瑟尔，巴尔扎克知道自己必须想办法应付。于是，他提出把自己已经出版的一本《婚姻生理学》修订为《结婚法典》，来偿还所欠的二百法郎。勒瓦瑟尔为了尽量挽回自己的损失就答应了这个办法。

近年来，巴尔扎克熟练掌握了一种充满激情的写作风格，就在这个作品中尽情地运用了。在德·柏尔尼夫人与一位新结识的德·葛朗台公爵夫人的接触中，巴尔扎克知道了不少有意思的掌故，就把它们作为这个作品的素材。所以，在巴尔扎克高效率地修订完《结婚法典》后，这本书与原来的几乎完全不一样了，成了一本妙趣横生、笔调多姿的作品。

《结婚法典》一经发行，里面的奇谈论调以及讽刺幽默的质疑，在读者中引起了不小的争论。这种争论，也使得这部作品以及巴尔扎克本人引起人们广泛的关注。有人表扬，有人批评，然而不管怎样，这本书在很长时间内，都是人们茶余饭后唯一的话题。

现在的巴尔扎克虽然离成名还有一定的差距，但毕竟成功地引起了巴黎人的注意。他开始出席各种活动，并认识了多名贵妇人，参加她们组织的沙龙，进入了巴黎文学交流的场所，也在这里认识了不少当时已经出名的作家，如雨果、查宁·儒尔等人。

与此同时，巴尔扎克巨大的创造力如同冲出堤坝的洪水，势不可当。当鲜花、掌声以及那些委托书潮水般涌来时，那些委托人也被他那惊人的写作速度、庞大的写作数量惊得目瞪口呆，更没料到他们的每次约稿都会带来很强烈的轰动效应。

据统计，巴尔扎克在1830年和1831年两年里的创作数量相当惊人，在文学史上没人能与他相比。他写了许多短篇小说、长篇小说、评论、小品文、报刊文学，以及政治纪事。两年中他平均每天完成将近16页的书稿，这还不包括他在稿件上进行的各种修改。

一时间，巴尔扎克的名字出现在那个时期所有的期刊和报纸上。他在几十种出版物上谈论各种各样的问题，今天谈哲学或烹调，第二天就写拿破仑的事迹，要不就发表对经济学、银行家的看法。巴尔扎克的多才多艺与聪明，在巴黎这个新世界里随心所欲地发挥着。

巴尔扎克在文学的道路上快速前进，自身的能量也在前进中逐渐增长，并且发现他能做的事真不少。他用写实手法描写日常生活，创造出了许多典型形象，这些形象受到女性读者的关注，因为她们都是"被误解的妻子"。这些妻子的共同特点是：婚姻不幸，以前美好的幻想遭遇破灭，在家庭中，得不到丈夫的关心而心情低落，就像患上了忧郁综合征似的。

这些小说，虽然呈现出一种病态美，但一发表就受到了关注，尤其是女性读者。无数女读者认为巴尔扎克是一位能治疗她们忧郁的医生，只有他才真正了解她们的内心。她们把他当作代理辩护人，认为他在为她们辩护在涉及法律和资产阶级道德方面的过错。

还有一些女性读者喜欢比照，总觉得自己就是巴尔扎克笔下的那些女主人公。可以说，就算再古板的读者，也为多才多艺的巴尔扎克的力量所折服。他的作品描写的是那样简洁而有深度，在同时代已成名的作家里绝对是佼佼者。

巴尔扎克的作品显示出了自己文学的天赋，他的天赋使那些对他看不顺眼的人也不得不佩服，许多同行对他都是抱着嫉妒而无奈的心情。他在文学上表现出来的天才，其实是他内心及能力的反映。而他的天赋正是他丰富的、庞杂的生活经历所培养形成的。

经过十年的探索期，巴尔扎克不仅发现了自己巨大的工作能力，而且知道了运用这种能力的目的所在。以前，这种力量只蕴藏在他的内心，随着时间的推移而增长，最后蓬勃而出，带着他在广阔无垠的世界中翱翔，成为自己时代的史学家、记录者。

4. 命运的安排

在巴尔扎克经济状况极其拮据的时候，他曾写道："一张邮票和坐一次公共马车，这些对我都是一笔不小的花费。而且我待在家里，为的是不弄破我的衣服。"

现在他已被社会渐渐认可，世界上每一个国家里，都有大量读者喜欢读他的作品。不少评论刊物和新闻报的编辑争着用最高的价钱来吸引他，每天都有数不清的委托单寄到他手中，但巴尔扎克仍旧认为文学不是唯一的出路，只是其中的一种可能性而已。

这种状况其实很多作家都经历过。歌德在他的《少年维特的烦恼》等作品获得成功之后，仍然觉得他的天赋不仅仅是为文学而生的。巴尔扎克也是如此，尽管他在文学上的表现如鱼得水，但依然不相信文学就是他真正的事业和命运，也从来不认为当作家是自己的天职。相反，在他的思想中，写作对他而言并非绝对必要，只是自己从许多成功之路中挑选的一种。

1832年，备受瞩目的他曾在给母亲的信中写道："迟早我是会发财的，或是当作家、从政，或者进新闻界，也许是娶个有钱的太太，还可能是一笔有希望的大买卖。"可见，巴尔扎克对自己的文学之路还没有全身心投入。

曾经有一段时期，巴尔扎克想从政，这个念头充斥了整个脑子，差点决定为政治而放弃文学。1830年七月革命爆发后，中产阶级掌握了政权，也给有为的青年提供了许多施展身手的机会。当时，法兰西议院有一位年轻的下议员，他的升迁经历在年轻人看来如同传奇一般。巴尔扎克的从政热情也被点燃了，积极投身到热烈的政治氛围中。

他热切地希望掌权来实现自己的政治成功。经过一段时间的准备，巴尔扎克选择好了两个地方作为自己政治生涯的起点，这就是康伯瑞和福瑞尔。如果这两个地方的选举人对他有好感，把票投给他的话，他的从政之路可能就要实现了。他也就有可能成为法兰西的一位政治领袖人物，甚至可能成为第二个拿破仑。令巴尔扎克感到遗憾的是，这两个选区的选民都没有选择他，他的政治理想彻底破灭了。

当一条路走不通后，巴尔扎克立刻就想其他方法。在他看来，只要找到一个"富有的寡妇"，那样自己"女人和财富"就都有了，不需要苦干精神就能得到快乐的生活。所以，他一直在思想上做着这样的准备：不论在什么时候，即使他已是名声显赫的人，只要找到一位年收入三四万法郎的寡妇，他就立即从文坛上退隐，过一种安逸的无忧的生活。

他梦想着通过"富有的寡妇"过上舒服的乡村生活，甚至曾经向朋友描绘过心里的蓝图：在美丽的乡下，在心情愉悦或者闲来无事的时候，可以偶尔拿起笔进行写作，到那个时候，出版多少本书都是带着娱乐的性质。

可似乎是天意难违，他的舒适的、快乐的梦想总是无法实现，他从没在交易所里一下子赚很多钱财，他也没机会坐在内阁大臣的位子上，并且总找不到他想得到的那些富有的寡妇。

对于巴尔扎克来说，似乎命中注定他必须从事文学创作。他每次想离开书桌的行动总是失败，他越是反抗和逃避，就越被紧紧地套牢。他渴望出现能使他摆脱困境的奇迹，出现一次使他获得财富的转运，但结果表明，命运是无法逃避的。他注定要在文学之路上走下去。

当巴尔扎克认定文学是自己的活动天地后，他就决定自己万万不能胡乱地写任何一部作品，而要把它们变成一种切合人情风貌和生活的形式。

当巴尔扎克把这些小说的第一部送给他的朋友时，下一步的工作计划已经考虑清楚了。他曾经酝酿了一个构思：使人物角色在不同的书中都可以重新出现，这部作品中包括了一切阶级的活动、职业的艰辛及人们的观念、情绪、要求和欲望等，从而形成一部完整的具有文学性的当代社会的历史。

虽然此时的巴尔扎克还不知道他从事的工作的范围是多么大，但当他的艺术家情愫占据他的整个心灵后，记录整个时代的宏伟图景已经展现在他的脑海里，只是需要更加丰富的经历来不断地充实，使其变得翔实而具体。

5. 外在与力量

一个人在三十岁的时候，他的外貌和体型基本就定下来了。巴尔扎克也一样，在他的第一部作品公开发表后，一个名叫奥诺雷·德·巴尔扎克的人的身体发育阶段也结束了。

由于缺少家庭的关心和营养方面的因素，二十岁的巴尔扎克看起来还是一个矮小、瘦弱、脸色苍白的年轻人，但随着时间的推移，他的脸型渐渐变圆了，脸色也变红润了。坐在书桌前的他，身上透露出从容、自信的气质。

初见巴尔扎克，他给人们留下的第一印象，是一个身强力壮、爱享受又有好脾气的作家。另外，他那满头似乎总洗不干净的头发、满脸松弛的肌肉，稀疏而长的髭须，再加上看起来总是油乎乎的皮肤，也会给别人留下深刻的记忆，并造成一个贪图享乐、有长时间睡眠、好吃懒做的错觉。

巴尔扎克也对自己的相貌有比较清晰的认识，并对头部做了以下描写："头发像鬃，鼻子又短又扁，鼻子头上皱着，而且鼻孔有狮子那么大。前额也像狮子一样，并且被一条大大的深沟分割成两块有力的隆起部分。"但拥有这副脸孔的人却具有能连续工作十二或十四小时不疲倦的能量。

不得不承认，巴尔扎克长相过于普通，在人群中谁也不会注意到他，他的脸孔只是他故乡平民们脸孔的摘要而已，属于天然的类型。如果在他腰上系上条围裙，让他站在柜台边，他将和任何一个边斟酒，边同主顾聊天的掌柜没什么区别。或者把他看作一个庄稼汉、挑水夫、税吏，没有人会产生怀疑。

其实，长相普通的巴尔扎克只有穿着衬衫或随便的衣服，他的真诚和本色才能显露出来。一旦他想把自己装扮成贵族，显示出高雅的气质来，他就会在自己的头发上涂抹上很多头油，并挂上个单腿眼镜，这时候的巴尔扎克就像要去参加假面舞会。他在打扮技巧方面的能力可以说是相当欠缺的。

当巴尔扎克拖着他那矮胖的身躯，爬上楼，气喘吁吁地走进房间时，众人就会看到一个身体肥胖、蓬头大脸，满身香气，但看起来很是粗野的家伙，他披着一件扣错纽扣的棕色外衣，鞋子多半忘了系带子，一坐进那把圈椅，圈椅就被折磨得立刻发出咯吱咯吱的怪叫。那些喜欢作家巴尔扎克的贵妇人们十分惊讶，互相用询问的目光交流着：这就是能写出我们的烦恼、替我们说话的作家吗？

而在场的其他作家则满意地斜视着巴尔扎克，他们互相交换的眼神中透露出来的绝对不是善意，他们已经决定联手嘲笑这个平凡却危险的文坛劲敌了。

但是，巴尔扎克开口讲话了，房间内的氛围马上就发生了变化。在他宣讲自己对哲学和政治的见解时，在他讲述那些真伪参半的传奇或掌故时，所有的眼光都被这个侃侃而谈的家伙深深地吸引住了。在他嘲弄、吹嘘他的听众和他自己时，他的眼睛里迸出了金色火花。

巴尔扎克的作品具有迷惑读者的强大魔力，他自身对周围人的影响也很强大。他做的每件事似乎都有十倍于别人的强度。他大笑时，墙上的画似乎都在颤抖。他滔滔不绝讲话的时候，谁也不会想起他嘴里还有坏牙。他旅行时，每半个小时就会给车夫一笔额外的小费，催他赶马儿快些跑。工作时，他废寝忘食，一写就是12个小时，能磨钝一打的笔头。

巴尔扎克生性豪爽，对自己、对别人都不小气，并具有善良、淳朴的性情。虽然他知道同行们经常在背后议论他以及自己的作品并进行恶意的诽谤，但他善意地周旋着，把他们的表现一点一点地写进自己的《人间喜剧》，让更多的人了解这些人的心理。

当他说谎时，并非想要骗人，而是由于他的幽默感和丰富的想象力在作祟。他经常格外夸张地做一些动作，因为他知道人们会嘲笑他的那些被认为幼稚的举动。他会带着探究的心理，向朋友讲一个故事，边讲边观察朋友的眼睛，凭借敏锐的洞察力得知，朋友压根不信这个言过其实的故事。但第二天一早，故事便传遍整个巴黎，甚至添油加醋地渲染他的故事。

巴尔扎克有自特的条件，那就是来自于他身体和智慧双方面的力量。这是一种与生俱来的心态，而不是他在文学上获得的名誉与成功。因为即使他有了很多不朽的作品后，他仍缺乏在文学上的自信。在他的生命力中，他那充沛的自信只是一种天生的东西，不是来源于自我反省或其他人的判断。

　　无论别人怎样打击、嘲笑他，巴尔扎克总是昂着头，愉快并且勇敢地向前走去。巴尔扎克对一切都不计较，虽然他也有虚荣心，但更有勇于面对一切的坦然自得。

6. 交际活动

　　1828年的巴尔扎克还是一个靠文章糊口的人，负债累累，是一个自己都承认留在家里是为了节省衣服的彻头彻尾的穷困潦倒的人。两三年之后，就已经是一名极具威望的作家，报纸、杂志争抢着发表他的稿件。读者给他的信件堆积如山，出版商对他争相献媚。突然获得如此大的成功，对于任何一个人的心理来说，都是极大的挑战，对于在穷困、饥饿中生活太久的巴尔扎克来说，心灵冲击更大。

　　巴尔扎克的名字被各种令人炫目的声誉带着环游世界，就算是一个头脑清醒的人，在这样的成功面前也难免陶醉，更何况巴尔扎克还远远不是头脑清醒的人。他知道现在是自己的舞台，他要吸纳已加在他身上的名誉，在观众面前表演，把自己呈现给世界，并且在社交中扮演一个重要角色。

　　但是，人类脑子的特征就是：即使有极广泛的经验积累和极高的智商，也难以克服一个人天生的无能。巴尔扎克天生就不是高雅贵族阶层的人。令人遗憾的是，在这位出产了许多伟大作品的人的头脑中，始终有一种想做贵族的念头。于是，对于他来说，收到一位公爵夫人来信的兴奋程度远远高于那些名家对他的赞美。

在巴尔扎克的内心里，他宁可安逸地躺在一个有马车、仆从的宫殿里，也不想为不朽而奋斗；只要能获得真正的贵族特许证，让他出卖自己的灵魂也在所不惜。

在巴尔扎克看来，父亲能从农民跨入小资产阶级阶层，自己为何不能跨入贵族阶层呢？一个农夫或者店主的儿孙们都有可能加官晋爵，他为何不能进入社会的更高阶层呢？于是，巴尔扎克决定无论忍受多少耻辱，也要进入贵族阶层。

就这样，巴尔扎克根据要在社交里扮演的角色进行了装扮。首先，在自己的名字上，他要加上贵族的头衔。从《驴皮记》开始，他的作品都署名为奥诺雷·德·巴尔扎克了。他对人说自己是德·昂特拉格侯爵的后裔，为了让人们相信，他在自己的佩剑和马车上都刻上了德·昂特拉格家族的章。

接着，他要改变自己的整个生活方式。他觉得，只有他的生活方式和他的名望相对应，才能说明奥诺雷·德·巴尔扎克是伟大的作家。于是，在众人的眼前，奥诺雷·德·巴尔扎克驾着高级的双轮马车，车后跟着穿制服的仆人。他购买昂贵的家具，穿着阔绰。他那厚重的头发涂上了油，手里拿一只小眼镜，成为巴黎沙龙的常客，他终于"出名"了。

事实上，巴尔扎克跻身巴黎社交界的活动是非常令人失望的。因为无论是金扣子、沙领带，还是最高超裁缝的手艺，都无法掩饰巴尔扎克这个粗肥、矮胖、红脸蛋儿的平民。他的大嗓门、带有回响的哄笑，把那些想诚恳地赞美他的人们的神经都震乱了。

巴尔扎克为了一件特殊的事件而匆忙的装扮，让人一眼就能看穿。他衣裤上那不相配的色彩设计、肮脏不堪的手指甲、松散的鞋带以及滴落到衣领上的油垢都让人失望。贵重物品出现在他身上，让人看着总觉得是一些廉价货。他的兴趣愈来愈倾向于奢侈，但不得不承认他想把自己打扮成贵族的梦想破灭了。

　　巴尔扎克也感到自己扮演贵族的表演很是失败，但觉得既然不能在贵族中获得众人的青睐，那就应该努力引起别人的关注。于是，巴尔扎克花七百法郎赊购了一根镶着蓝宝石的粗手杖，并对外宣称，这个手杖的柄头上刻画了一个他的情妇打扮成"夏娃"的小照，而且这个女人是属于贵族中最高圈子里的。

　　可以想象，当他走入意大利剧院的"老虎"包厢时，所有的观众怎样凝视着他紧握的手杖。尽管他引起了极大的影响，但自始至终没有一个女人选他为自己的保护者。他一直向往并希望结交的巴黎名流们，面对巴尔扎克的拙劣表现笑了，再也不会担心巴尔扎克为了竞争而做出的种种努力了。

第五章　多情史

1. 柏尔尼夫人

争取经济独立时期的巴尔扎克用假名出版的毫无价值的小说，数量虽然大，但问世不久就销声匿迹了。奥诺雷·巴尔扎克这个名字也不在众多的法国作家之中。巴尔扎克不能取得成功，不是因为他缺乏力量，而是因为他缺乏勇气。事实上，这个外表普通，身材矮胖的年轻人，内心浪漫有激情，浑身充满力量，可惜还没有找到发泄的渠道。

一个人如果精力过剩，却不知道怎样利用，这个人就难免在自以为是与烦躁不安之间徘徊。同样的道理，巴尔扎克之所以躲避女人，是因为他害怕在女人面前暴露自己的天性，而绝不是害怕坠入情网。

就巴尔扎克个人来说，如果一个女人能够帮他独立自主，摆脱父母的控制，那么她是否有漂亮的外貌、是否有聪慧的头脑，他都毫不在意。在他22岁时，巴尔扎克曾给他的妹妹写过一封信，让他妹妹给他留意并介绍一名"富有的寡妇"。但当时在家中，有父母监护着他；在巴黎，也仅能维持最低生活水平，这使他更不可能结识女人。

在一段时间内，巴尔扎克利用修道士的斋戒修行将对女人强烈的占有欲和温存欲压抑下去了。这种被压抑的激情如空气、水、火等一样，当压力达到极限时，就会蓬勃爆发。机会来了，自从他重新回到维尔巴黎的家后，巴尔扎克的命运发生了改变。

巴尔扎克家有一个交往甚密的邻居，是一对名叫德·柏尔尼的夫妇。德·柏尔尼出生于世族，他的父亲是一位显赫的官员，而他又当过王家法庭的法律顾问。他的太太虽然不是贵族出身，却是一个非常风趣的人。

柏尔尼夫人的父亲名叫安奈尔·周寨佛·菲力浦，出身于一个音乐世家，曾经是玛丽·安托瓦内特王后的特殊监护人。王后在自己的贴身女侍从中选了一位名叫德·拉波尔德·玛哥端的给他做妻子。德·柏尔尼·洛尔出生后，当时的国王和王后——德·佛龙萨公爵和德·西玛仪公主作为她的教父、教母来给她洗礼，对于任何人来说，这都是极其高贵的礼仪啊！

不幸的是，安奈尔三十岁时就因病去世了，他的寡妻嫁给了保王党中最有胆识的德·艺尔瑞耶骑士。当大革命爆发、国王夫妇被捕的时候，他冒着生命危险潜入公西耶惹利监狱，奋不顾身地想去解救王后，当然最后失败了。不过，这足以证明他对王室的忠心耿耿。

王后上断头台前，把自己的一绺头发和一对耳环送给了德·柏尔尼·洛尔的母亲作为纪念。那时，德·柏尔尼·洛尔还是个16岁的女孩，就被忙乱中的父母许配给了柏尔尼伯爵。

当巴尔扎克回到家里的时候，也就结识了已经四十多岁的柏尔尼夫人。因为她特殊的出身和经历，所以非常熟悉王室，当她用温柔和蔼的声音，给巴尔扎克讲着垂死挣扎的君主政体和大革命时期的恐怖故事的情景时，不仅给巴尔扎克的写作提供了大量的大革命时代的历史素材，也激起了巴尔扎克丰富的想象力。

在巴尔扎克眼里，这个年纪与母亲相仿的女人，给了他童年所渴望得到的母性的爱抚。她谈笑时的高雅举止、真诚无私的同情心，都深深地令这个年轻人感动，使二十三岁的巴尔扎克全身的血液都沸腾起来，而且坚信柏尔尼夫人就是他所要寻找的最完美的爱人。

没多久，老巴尔扎克夫妇就注意到巴尔扎克的变化了：总爱到德·柏尔尼家里，比以前更加注意修饰打扮了，对人也不再冷冰冰的，变得和蔼可亲。他们以为儿子喜欢上了德·柏尔尼家那个动人的女孩，很是高兴。但没想到，巴尔扎克喜欢的却是生过九个孩子的四十五岁的柏尔尼夫人。这让老巴尔扎克夫妇极其震惊而愤怒。

巴尔扎克不怕社会给这样的爱情投以怎样的嘲弄和诅咒，决定不顾一切地去追求，更不会理睬任何的阻拦和障碍。德·柏尔尼夫人被他吓了一大跳，好长一段时间，她总是设置各种障碍来拒绝这位急切的求爱者。

面对拒绝，巴尔扎克毫不在意，继续自己对爱情的猛烈追求。渐渐地，德·柏尔尼夫人接受了这份热烈的情感，背叛了比她老得多而且半瞎的丈夫，也爱上了比自己儿女还小的巴尔扎克。

他们的事情在这个小城引起了种种议论，德·柏尔尼家族也出现了忙乱局面。巴尔扎克的母亲强迫他离开家，让他到妹妹萝尔家去住，以使他离开德·柏尔尼夫人，忘记这段感情。

现在，她最大的希望就是，巴尔扎克能很快厌倦并终止这场荒唐可笑的爱情。然而，她也发现自己的儿子在与德·柏尔尼夫人的爱情中找到了真正的自我，而她也越来越无法控制住自己的儿子了。

自从接受了巴尔扎克的感情，德·柏尔尼夫人就不再顾忌世间的流言蜚语了，一直作为巴尔扎克忠实的情人出现在各个场合。她一直作为他精神上的导师勉励他、帮助他、指导他。

在文学创作方面，德·柏尔尼夫人除了向他提供创作素材，培养他的艺术鉴赏能力，同时也是巴尔扎克作品的第一位读者，在他的手稿上一字一句地进行指导。爱情给他带来了灵感，巴尔扎克文思泉涌，在这段时间内写出了许多优秀的作品。

德·柏尔尼先生死后，她更是一心一意地爱着巴尔扎克，经常资助他，默默地打点着巴尔扎克的债主，为巴尔扎克贴补家用。而巴尔扎克这个追求浪漫和激情的人，一旦在生意失败或感情受挫时，就会回到德·柏尔尼夫人的身边，寻求支持和安慰。

随着巴尔扎克的名声日益升高，美女也如影相随。德·柏尔尼夫人的心里是痛苦的，但是她爱他、理解他。她知道，对一个作家而言，除了阅历、金钱、地位、身份外，还需要激情，这样才能满足强烈的欲望和虚荣，才能给他的伟大创作提供素材。

所以，德·柏尔尼夫人并不嫉妒巴尔扎克多年来在外面的寻花问柳，因为她只在乎巴尔扎克对自己说的那句："我最爱的始终是你。"

1832年，明智的柏尔尼夫人考虑到自己已经五十五岁了，诚恳地向巴尔扎克提出，应该终止这种密切的关系，两人应该只是心灵上的朋友。

两年后，柏尔尼夫人的健康急剧恶化，心脏病和糖尿病折磨着她。生命的最后更是与身心的痛苦相伴。短短的一段时间内，她深爱的九个子女中，先后死去五个。在最疼爱的儿子离开她后，她伤心欲绝，也断然拒绝了巴尔扎克再去看她的请求，她只想将永远健康、美丽的印象留给自己所爱的人。柏尔尼夫人经常在灯下地翻看他写的情书，靠回忆来度过这痛苦的长夜。

第二年的7月，柏尔尼夫人被剧烈的神经痛折磨了十天后，又出现了呼吸困难和腹水的症状。怀着对巴尔扎克深深的爱，柏尔尼夫人让儿子一次次去找他，想最后见一面，却一直没有等到。在完全失去了见到巴尔扎克最后一面的希望后，柏尔尼夫人在这个月的25日带着遗憾去世了。

当巴尔扎克与其他情妇游玩结束，回到巴黎后，才得知柏尔尼夫人离去的消息，他为没有在她最后的时光守候她而万分悲痛。

巴尔扎克在给朋友的信中不止一次说柏尔尼夫人是自己从青年时代就真诚爱着的人。批评家和传记作家们也认为，是柏尔尼夫人造就了巴尔扎克，使其成为一位作家。

从此，巴尔扎克再也找不到一个像柏尔尼夫人那样宽厚的情人和知己了。柏尔尼夫人对巴尔扎克真挚的爱和宽厚大度的心灵，使其感慨："她鼓励了一个人的自豪感，使之免于任何低级趣味。"

2. 德·阿布朗泰斯公爵夫人

巴尔扎克在生活上奢侈浪费，对金钱挥霍无度，但他用在社交上的时间却是很"节约"的。因此，他没有几个关系亲密的朋友。

但在巴尔扎克狭窄的交际圈子里，女性们占有很重要的地位。

他一生中的大多数信件都是写给女人的，当然，收信的女人也不是一成不变的。

对于女人，巴尔扎克所要的是一个能给他满足的女性，即"一笔财产和一个女人"。这个拥有财富的女人最好是贵族出身，那样就能满足自己的虚荣心。这就是巴尔扎克一生的梦想，却一直得不到满足，往往只是占有一个方面。

当巴尔扎克对柏尔尼夫人的热情还没消退的时候，他又遇到了一位能满足他感官方面的女人，这就是德·阿布朗泰斯公爵夫人。

1829年，在凡尔赛的一次交际活动中，巴尔扎克遇到了德·阿布朗泰斯公爵夫人。这位夫人也不年轻了，有四十多岁，但她那乌黑光亮的头发、性感迷人的嘴唇、秀丽闪光的眼睛让巴尔扎克一下子着迷了，柏尔尼夫人则被抛到脑后了。

德·阿布朗泰斯公爵夫人是一位将军的寡妻，遇到巴尔扎克时，她的风光时期——波旁王朝已经过去了，在现在的社交中并没有多大的关注度，而且自身陷入无可救药的债务之中，靠回忆和发掘一些半真半假的丑闻卖给出版商来赚钱。

巴尔扎克一直向往得到头衔与高贵的姓氏，这就像一种魔力一直在操纵着他。德·阿布朗泰斯公爵夫人曾在其母亲派尔蒙夫人家见过当时还是孱弱少年的拿破仑。她了解很多皇室内幕，这样一个见多识广又地位高贵的女人现在坐在身边，要是能征服她，该是多大的荣幸啊！很快，巴尔扎克就请求她做他的情妇，被拒绝后，巴尔扎克仍旧不放弃。

在他们的接触中，德·阿布朗泰斯公爵夫人被巴尔扎克幽默和睿智的语言吸引，也渐渐对他产生了感情。当她请巴尔扎克指导自己的写作时，两人的关系就变得暧昧了。公爵夫人喜欢巴尔扎克在她那里寻找素材，也为得到这个比自己小很多的著名作家的爱而高兴。

巴尔扎克更喜欢跟着德·阿布朗泰斯公爵夫人出入沙龙的上层人士的生活，与这个以前经常出入杜伊勒里王宫、见过拿破仑，并知道很多内幕的女人交往，极大地满足了他的虚荣心。

巴尔扎克与德·阿布朗泰斯公爵夫人的恋爱没持续多久，因为在德·阿布朗泰斯公爵夫人对他产生感情后，巴尔扎克的热情却渐渐消失了。

不过，两人的联系还是持续了一段时间的，因为一种友谊的感情在两人之间保持下来。他们因为双方都是负债累累，在爱情消失后的相当长一段时间内，彼此互助成为主要的相处关系。德·阿布朗泰斯公爵夫人把巴尔扎克介绍给瑞卡米耶夫人和其他贵族相识，而巴尔扎克帮助她把回忆录出售给出版商们，并在写作上暗中助她一臂之力。

但随着时间的推移，德·阿布朗泰斯公爵夫人从巴尔扎克的生命中渐渐消失了。在与巴尔扎克不再联系后，德·阿布朗泰斯公爵夫人在写作上得不到帮助，稿件不断被退回，贫困交加的她不得不放弃原来的住处，住进一个小公寓。后来，身染重病的她也被朋友们抛弃了。

若干年后，德·阿布朗泰斯公爵夫人的家产被拍卖，当时她已经卧床不起了。最后她被一家慈善医院收治，但因为无钱治疗，直到去世一直被安置在一个阁楼里。巴尔扎克听说德·阿布朗泰斯公爵夫人的死讯后，以一种吃惊的口气描写了她的结局："事实就是这样：他们的相识不过是一场热情的偶然事件而已。"

3. 卡罗·珠尔玛

在巴尔扎克刚认识德·阿布朗泰斯公爵夫人的时候，一个名叫卡罗·珠尔玛的女人进入他的生活。而且，他们之间形成了最尊贵、最圣洁、最永久的友爱。

巴尔扎克与卡罗·珠尔玛相识于他最深爱的妹妹萝尔家。卡罗·珠尔玛与萝尔的岁数差不多，嫁给了一位姓卡罗的炮兵上尉。这位上尉虽然正直、勇敢，但经历坎坷，没有得到应有的待遇和职位。在拿破仑战争时期，他不幸被捕，成为战争囚犯，尽管最后得以回国，但这个被俘的军官没有得到合适的职位，而他的同伴们几乎都有了高贵的地位。

这位没有任何背景的军官，最后被安排到一个国营火药厂，于是，他带着妻子来到了一个边远小镇生活。卡罗·珠尔玛并不是一个很美丽的女子，腿还有一点残疾，她对自己的丈夫很尊重，但这里面并没有爱情的意味。她的生活很忙碌，每天都面对一堆家务并要照顾孩子，但她还是建立了自己的社交圈子，虽然里面的成员地位都不是高贵的。

在巴尔扎克妹妹家的会面，对于他们双方来说都是一件好事。卡罗·珠尔玛在自己狭窄的小天地里能遇到这样一位文学天才，这对于珠尔玛来讲是一次心灵上的强烈体验。

令巴尔扎克高兴的是，如果要逃避债主们或者工作劳累的时候，他可以放心地去珠尔玛家里，因为在珠尔玛家，他可以得到安慰，却没有虚假的阿谀。卡罗·珠尔玛在家中总是为他预备好一间空屋子，在那里他可以不受干扰地从事写作。晚上，巴尔扎克可以和一些朋友毫无拘束地交谈，并可以享受一种十分温馨的气氛。

两人认识不久，巴尔扎克感觉到这个普通的妇人真诚而美好的天性。很快，一种纯洁的、深厚的友谊在他们之间产生了。在珠尔玛家，他永远不必担心被人当作累赘，这里是他可以随时使用的避难所。所以，如果要到卡罗夫妇他们驻扎的地方旅行，巴尔扎克就会早早地开始了自己的期待。

珠尔玛知道自己绝对不可能放弃或欺骗自己的丈夫，她努力克制自己，于是她决定与巴尔扎克之间保持一种"圣洁而且和善的友谊"，不允许任何性欲的潜流打扰。她知道自己不能像柏尔尼夫人那样既给他爱情又给他生活和创作上的指导，于是她找到了另一种方式——"我将把你认作我的儿子"，并以此为终生事业，照料他、给他忠告。

事实上，她实现了自己的承诺，真的成了巴尔扎克不论在做艺术家或做人上，最胜任和最真诚的顾问。

1833年，巴尔扎克的作品一度流行，珠尔玛为巴尔扎克突如其来的成功而提心吊胆，因为她深知他心地的伟大，担心他个性和天才方面的危险，这种危险就潜藏在他在沙龙中所获得的社交上的成功，以及从出版商那里获得的物质上的成功中。

珠尔玛十分重视巴尔扎克的艺术良心责任。她了解巴尔扎克，知道他有可能因为虚荣而犯错误。虽然她很看重与巴尔扎克之间的友谊，但为了朋友的前途，为了朋友能坚守自己的艺术责任良心，她冒着得罪这个朋友的危险，仍然坚持向他陈述着自己的观点。

作为一个真挚的朋友，珠尔玛对巴尔扎克的批评和判断极具见识，以至于一个世纪后，这位炮兵上尉的妻子所说的那些非难或赞美的话语，都比职业批评家更令人信服。

当巴尔扎克有意从政时，她郑重地提醒他："从事写作比当上内阁大臣要重要得多。"当巴尔扎克放纵自己，随意参加一些沙龙并被利用时，当他为了打动所谓的"上流社会"而大肆挥霍，并陷入债务危机时，当他为了还债疯狂地写作时，她都在远方忧虑地注视着。她用一种诚恳的语气说："不要这样过早把你自己用尽！"

在珠尔玛的内心里，希望巴尔扎克这个伟大的作家能超越舆论、毁誉、金钱的需要，活得自由自在；但她看到他一再落入新的奴役里时，自己也陷入了失望之中。

而每当巴尔扎克被那些谄媚的甜言蜜语包围时，他不但接受了珠尔玛这些强硬的意见，还为她诚恳的意见而表示感谢。巴尔扎克曾经在信中写道："我很荣幸认识你，你带给我的勇气使我成全了自己。"巴尔扎克之所以感激珠尔玛，是因为他深知珠尔玛对自己发出的警告都是因为对自己的真挚关怀。即使在后来，当巴尔扎克把自己的身心全部倾注于另一个女人时，心里也一直记得对珠尔玛倾诉自己的烦恼和喜悦。

但随着时间的推移，巴尔扎克对这位旧友也逐渐沉默起来了，或许出于一种羞愧感。因为他向其他女人们流露真情时，往往把自己、工作以及债务都进行了美化。相反，他不能对卡罗·珠尔玛说一句不忠实的话，于是，在向珠尔玛倾诉时，他发觉禁忌越来越多了。

几年过去了，巴尔扎克没有再在那间专为他设的书房写作过，而珠尔玛付出巨大的代价到达巴黎时，他却忙于写作，没有拆开她的信，使她没有等到任何答复。

在巴尔扎克重病缠身、检查自己过去的生活时，还是觉得珠尔玛是他所认识的女人中最诚挚、最重要和最友好的一个人。他在病中写信说："我从没有停止过对你的思念和爱，甚至到现在还想和你谈话。"

4. 德·卡斯特里夫人

任何人都喜欢有人关心，被人重视，一旦被冷落，心里就会不舒服，女性尤其如此。女性读者们也喜欢一个关心她们的作家，巴尔扎克就是这样的一个作家，在他的作品中，总是对被弃的、被逐的或衰老的女人给予同情。巴尔扎克对女性的这些态度，引起了女性读者的好奇，很多人都寄信给巴尔扎克，这些信不仅来自巴黎、偏远地区，甚至遥远的俄罗斯等国。

由于巴尔扎克忙于写作，平常很少有时间回复这些女读者的来信，但能收到这些女性崇拜者的来信总是一件让人高兴的事情，也让他带着兴奋而探究的心态，总觉得可以在这样的通信中，发现创作小说的素材。

1831年12月的一天，巴尔扎克收到了一封信，虽然写信人署的是英文的假名，但敏感的巴尔扎克仅凭笔迹、信笺等，就认定写信的人是一个高级贵妇，甚至是最高级的贵妇，并且还是一个有着悲痛经验的、年轻美丽的女人。

于是，巴尔扎克立刻回复了一封六页纸长的信。他开始只是针对来信中对《婚姻生理学》所提的意见进行辩解。但热情而好奇心极重的巴尔扎克很快就开始表露自己对这位素昧平生的夫人的仰慕了。他甚至跟她说他一直想找一个寡妇结婚，又自豪地告诉她自己伟大的写作计划。

就这样，一封充满亲密语气的告白信就寄给了这位不知名的收信人。令巴尔扎克高兴的是，他很快又收到了回信，对方也表达了希望结识的想法。她显然已经知道了一些关于巴尔扎克的事，他的相片也在许多报纸上出现过，但巴尔扎克对她却一无所知。他的心情激动到了极点，急切想要知道他对她的猜想是不是正确。

事实上，巴尔扎克的猜测完全是正确的。那个不知名的女人真的是一个拥有高贵血统的侯爵夫人。她的父亲是法兰西的德·麦利公爵，也是赫赫有名的元帅，极受人尊敬。在17世纪，他的家族就拥有了巴尔扎克渴盼的家徽。她的丈夫德·卡斯特里侯爵是著名的德·卡斯特里元帅的孙子，母亲是德·基尼斯公爵夫人。

当侯爵夫人二十二岁时，是法兰西贵族里最美丽的年轻女郎。有一天，她邂逅了奥地利的全权大臣梅特涅的公子梅特涅·维克多，并狂热地爱上了这位公子，两人很快就陷入热恋。当时法兰西的上等贵族其实是非常开明的，如果这对年轻人的爱情愿意处于秘密的阶段，不那么张扬，侯爵夫人的丈夫肯定不会追究。可是，他们完全不顾社会的批评，决定只为彼此，只为互相的爱情而生活。

于是，梅特涅·维克多放弃了自己的前程，德·卡斯特里夫人离开了她丈夫的家。他们游遍欧洲，并有了自己的孩子。他们的孩子被奥地利皇帝册封为房·阿尔登堡男爵。他们的生活可谓幸福美满。

好景不长，侯爵夫人在打猎时，不幸坠马伤了脊骨，很长时间只能坐在轮椅上。祸不单行，1829年11月，梅特涅·维克多因病去世。对她来说，这一打击比坠马凶猛得多。侯爵夫人不得不回到了巴黎，但因为以前的风流史，她并未在丈夫家和社会上恢复地位。她只能隐居在父亲的家中，每天以书本来打发时间。

得到这些消息的巴尔扎克简直无法形容自己兴奋的心情，他为自己即将认识地位这样高的女人而高兴，而且这个女人的夫家和娘家皆为世族，这样的家庭在贵族中也是极品。侯爵夫人的年龄也完全符合他的要求。

巴尔扎克知道，如果自己能成为她的情人或者丈夫，那自己也就会步入正牌的老法兰西贵族阶层，就有可能成为梅特涅·维克多的继承人。要真能这样，自己的一生就彻底改变了。

巴尔扎克热切地等待着邀请，希望能够允许去拜访那位著名的未曾谋面的贵妇人。终于，贵妇人的一封邀请信来了，巴尔扎克把这称为"仁慈的赐予"，并立刻表示接受。经过精心的打扮和准备，巴尔扎克带着异常兴奋的心情奔向卡斯特兰宫。在他心里，已经决定要爱上这个女人，同时也让她爱上自己。

德·卡斯特里夫人的确是个极美的女人，尽管她已经35岁，受伤的脊椎使她的步态稍有点不稳，但她看起来仍然是那么秀美而妩媚。在巴尔扎克看来，这次远道的会见，简直是太美妙了，美妙得使他难以相信。他完全被德·卡斯特里夫人迷住了。

令人意外的是，这位一直和王公大臣们交往并有贵族情人的德·卡斯特里夫人，似乎对巴尔扎克这个平民并不反感。她睁着眼睛，充满兴趣地听着这个身体肥胖、相貌一般的巴尔扎克活泼地谈论各种话题。

这次见面，似乎双方的印象都很不错。在以后的几个月里，他们的关系渐渐密切起来了。德·卡斯特里夫人允许巴尔扎克每天晚上来卡斯特兰宫，两个人能畅聊到深夜。巴尔扎克给她念自己的作品，并请求她的指教，陪她去欣赏戏剧。德·卡斯特里夫人也经常派人给巴尔扎克送花，但他们的关系只是朋友。

在德·卡斯特里夫人这边，因为失去爱人而孤单，却从与巴尔扎克的谈论中感觉很快乐、很满足，但巴尔扎克想得到的远远不是友谊。他向德·卡斯特里夫人坦白，想让她成为自己欲望的对象，想让她屈服于自己。

德·卡斯特里夫人知道巴尔扎克是一个天才，自己也很崇拜他，能得到他的仰慕，感到是一种荣耀，因此她对巴尔扎克表现出来的暧昧举动，并没有冷冰冰地拒绝，甚至有时候还故意去挑逗他。但是，一旦她感觉巴尔扎克的要求过分了，就会毫不犹疑地拒绝。

这一次，巴尔扎克有点烦躁不安了，自己顽强的意志追求似乎没有什么成绩。在这几个月里，巴尔扎克除了写作，其他时间都放在了对德·卡斯特里夫人的追求上，每天去拜访，为她做了很多笔墨方面的活动，但不管他如何努力，德·卡斯特里夫人只是把他当作理性的朋友，拒绝他成为情人的要求。

后来，德·卡斯特里夫人邀请巴尔扎克去旅行，他们来到了旅游胜地艾克斯莱班。

德·卡斯特里夫人为他订好了房间，在这里，巴尔扎克在傍晚6点钟以前可以从事创作，然后两个人共进晚餐，并一起待到11点钟，这是他一天中唯一的期待。

但就算两人独处时，她也拒绝他的亲密举动，最多是让他碰碰她的手指，握握她的手；她用种种理由拒绝他的拥抱，如宗教教义、忠于过去的爱情等。巴尔扎克深感苦恼，他渐渐觉得，她看重的是他的名声、智慧、激情和语言，这些使她觉得荣耀而愉快，自己仅仅是她获得消遣的一种方式。

在日内瓦游览时，他们一起参观了诗人拜伦与情妇住过的地方。回到旅馆后，德·卡斯特里夫人先是给了巴尔扎克一个惊喜，因为她没有拒绝巴尔扎克的暧昧举动，于是巴尔扎克终于亲吻到了这个高傲的女人。但接下来，德·卡斯特里夫人立刻拒绝了巴尔扎克当情人的要求。

巴尔扎克失去了最后的耐心，在奉承德·卡斯特里夫人、陪着她游玩的几个月里，他几乎放弃了工作，以至于负债累累。他最后一次问她的意见，仍被拒绝。那种傲慢的态度使他感到自己的尊严受到了侮辱，终于看清了这个美丽的面孔后面藏着的丑恶的灵魂。

巴尔扎克想到了报复：作为一个作家，为啥不通过自己的笔，来书写命运带给自己的不公正待遇呢？于是，他继续与她保持通信，但在心中已决定，他要把德·卡斯特里夫人写进小说中，并把她描写成一个卖弄风情的女子，在小说中，这个女人挑逗一个乡村医生，最后使他陷入绝望和沉沦。通过这种方式，巴尔扎克谴责了这个挑逗自己，自己却追而不得的女人。

5. 维斯冈地伯爵夫人

对于巴尔扎克来说，1836年是他经济上最困难的一年，但他仍在卡西尼街租到了一所最奢华的房屋，里面装有奢华值钱的家当。仆人奥古斯都的待遇也不错，他穿上了一套崭新服装，尽管是赊账，也花费了主人三百六十八法郎。按照巴尔扎克的性格，如果他预备去迎接一个情妇，就一定会先布置他的新公寓。由此可以推测，巴尔扎克又坠入情网了。

的确如此，在一个盛大的宴会上，一个漂亮的女人引起巴尔扎克的注意。这位三十岁左右、身材高挑、长相妩媚的女人，在男人们中间态度自如地穿梭着，同时，对男客们的赞美照单全收，巴尔扎克的热情立刻高涨起来。

令巴尔扎克激动的原因并不全是这美丽的面貌，吸引他的还有这美人所具有的高贵的姓氏。因为他知道维斯冈地是米兰的公爵，这个家庭在意大利是第一流的贵族家庭，而她就是桂都邦尼·维斯冈地伯爵夫人。

巴尔扎克了解到，这位意大利伯爵夫人在婚姻外面有自己的色情范围，并在其中注入了她的感情。这样冒险行为得到的感情虽然对于她具有诱惑性和吸引力，但她以镇静的态度进行着。对丈夫所表示的嫉妒，她也能够冷静地应付。

她的丈夫桂都邦尼·维斯冈地伯爵文静而谦虚，在他心中，音乐才是自己真正需要的爱情，最大的快乐就是进行小提琴演奏。虽然他是一个贵族子弟，在凡尔赛、巴黎和维也纳都有官邸，但每天晚上，他都会溜出去，坐在戏院音乐队的座位上，请求别人让他参加演奏。

一般情况下，维斯冈地伯爵在白天就是进行化学实验，他从中能够得到自己想要的快乐。他对妻子的情人们都很客气谦让，因为他只愿意躲在背后用自己的力量来演奏的音乐而不希望别人烦他。巴尔扎克无法压抑自己内心的冲动，很快就决定去拜见美丽的维斯冈地伯爵夫人。

就这样，巴尔扎克又展开了对爱情的追求，面对这强烈的"进攻"，伯爵夫人答应了做巴尔扎克的情妇，而且这种关系持续了五年，她也成为支持巴尔扎克写作的热心朋友和救济人。

伯爵夫人在婚姻方面虽然是不道德，但她是一个具有独立性格的真正女人。一旦她决定什么事情，就会坚持下去，所以在他决定献身于巴尔扎克后，她对此就没有丝毫犹豫。就算全巴黎对她的事情都知道了，对她来说，这也没什么关系。他们一起出现在音乐厅的包厢里，她把躲债的巴尔扎克藏在家中；巴尔扎克在乡村里盖了一间房子，她在附近也盖了一间。

她对丈夫从不谎称自己是一个忠实的妻子，对巴尔扎克很宽容，对他的风流逸事从不表示妒忌，也不用无聊的侦察来苦恼他，笑着给他自由。

从财富上说，伯爵夫人的经济实力并不很强大，但她给予巴尔扎克十来次经济上的帮助。在她和他的关系里，常施展出勇敢的诚实和自由来。这种行为，是只有听从自己意念的命令而拒绝服从社会上和道德的规范的女人才能做出来。

作为一个女人，对于巴尔扎克的人性化的需要，她了解得十分清楚。她明白他是怎样疲劳、烦恼，需要另一种形式的娱乐来放松。她具有强烈的同情心，她替他安排好让他去意大利访问，想使他尽快恢复创造能力。

维斯冈地伯爵的母亲给儿子留下了一笔财产，但由于维斯冈地伯爵对这种事务不感兴趣，这笔钱没人收集并恢复，一直处于混乱状态。伯爵夫人建议他委任巴尔扎克为代理人，让巴尔扎克代替他去意大利。性情和善纯朴的伯爵答应了，便拟了一份委任状，为巴尔扎克准备了旅行费用，让他动身去了那久已梦想的"爱情的国土"。

伯爵夫人用这样的方式向巴尔扎克表露自己对他的支持。她没能陪巴尔扎克一起去意大利，因为她刚刚生下一个孩子，但巴尔扎克很快就找到另一个情妇马尔布提夫人女扮男装陪同前往。

后来，由于巴尔扎克在约尔地的建筑，使维斯冈地伯爵受到莫名的控诉，以及巴尔扎克无尽的经济困难，也使伯爵夫人感觉受够了罪，两人的关系渐渐有了阴影，性情直率的她结束了和巴尔扎克的关系。

令人遗憾的是，尽管他们的关系持续了很长时间，但维斯冈地伯爵夫人并没受到任何一个传记家的重视。伯爵夫人也从来没数过巴尔扎克写给她的情书有多少，更没把它们藏在小箱子中，这可能是因为她对自己身后文学史上的名望从没追求，厌恶别人在自己死后还谈论她的名字而有辱她那崇高的骄傲吧！

第六章　劳苦的作家

1. 巴尔扎克的一天

巴尔扎克尽管出名，但在同时代的巴黎人眼中，他只是一个怪物。其实，不可否认的是，巴尔扎克的表现的确像一个怪物。他不写作的时候，就常以怪人的模样出现在人们面前。其实，这个时间里的巴尔扎克并不是真正的巴尔扎克，真正的巴尔扎克存在于深夜，坐在写字台前写作的时候。

巴黎人的夜晚是巴尔扎克的白天，巴黎人的白天则是巴尔扎克的夜晚。他的真正生活是生活在一个他自己组成的世界。让我们看看写作生活中的巴尔扎克与巴黎人不同的一天吧！

晚上8点的时钟敲响时，巴黎市民早已完成了一天的工作，或一群、或独自在吃完晚饭后，准备去咖啡馆、去参加沙龙或看戏。巴尔扎克却在连续写作十六个小时后，正在睡觉，外界的一切都不能干扰他。

晚上9点钟了，剧院里已经拉开了帷幕。舞厅里满是陶醉在音乐中的舞者。赌场里的金币发出诱人的响声。僻静的街道上，阴影里藏着隐秘的情侣们……巴尔扎克继续睡觉中。

晚上10钟到了。老年人准备上床睡觉了。房子里的灯光渐渐在熄灭。石子路上偶尔驶过一辆马车，城市渐渐地安静下来——巴尔扎克仍在睡觉。

晚上11点钟了，剧院散场了，饭店关门了，最后一批玩耍的客人准备回家了，街上看不到行人了，一些酗酒者的吵闹声也消失了，马路上彻底安静了——巴尔扎克在睡觉。

子夜，整个巴黎一片寂静，巴尔扎克开始准备工作了。这个时候没有访客的麻烦，没有纷杂的信件，没有讨债的来敲门，没有一个人能来打扰他。在这样的时间里，他可以全身心地从事他庞大的工作了。

仆人的敲门声响起了，巴尔扎克开始坐起来，并穿上他的袍子。多年的经验使他觉得这样的衣服最方便。它的领部敞开，能自由活动，温暖而不闷热。

巴尔扎克之所以选择长袍，还可能是因为它与僧袍相似，只要穿着它，就会提醒他必须抵制住外面世界的诱惑。他在衣服上系上一条带子，并挂了一把剪子和裁纸刀。巴尔扎克在屋子里转了几圈，让血液流动得更快些后，他彻底清醒了。巴尔扎克做好了开始工作的准备。

仆人拉上窗帘，并点燃蜡烛，这样巴尔扎克就与外界完全隔绝了。因为在这样的环境下，他不用计算他工作的钟点，也不去留心是否天亮。他周围的一切全隐藏在阴影中，除了他自己脑中的生物在动作、说笑和生活。

巴尔扎克在一张外观朴素的小桌子边坐下写了起来。这张桌子可以说是巴尔扎克真实生命唯一的见证。无论到哪里，巴尔扎克都带着它，他曾经从灾难和破产中抢救出它，它注视着巴尔扎克的一切，也陪着他奋战了许许多多的夜晚。

巴尔扎克的笔在不停地动着，一直没离开纸面。他的想象力像一团烈火燃烧着，以致于笔下的字句还是不能追赶上他的思想。握着笔的手指最先提出了抗议，发出了一阵痉挛，强迫他放下了笔，往往这时候，巴尔扎克才发现自己出现了头晕眼花的迹象。

　　街上仍旧是一片寂静。屋里只有笔从纸上划过的"唰唰"声，或是一张纸放到一叠上面的沙沙声。外面的天开始发白了，巴尔扎克却在自己形成的世界内，外界的一切，无论时间或空间，他全不知道。

　　连续五六小时的写作以后，他的眼睛开始流泪，手指痉挛、背脊也酸痛了，他必须休息一下了，他站起来，想用咖啡来缓解一下压力，于是走到放有咖啡的桌子边。对于工作中的巴尔扎克来说，咖啡是必需的，没有咖啡便不能顺利工作。

　　时钟终于敲了八下，敲门声又轻轻地响了。仆人送了一盘简单的早餐，一个暂时的休息时刻到来了。巴尔扎克放下了手中的笔，仆人又拉开了厚厚的窗帘，巴尔扎克走到窗前，注视着这个将要开始工作的巴黎。孩子们走在上学的路上，店铺陆续开门，马车走在热闹的街上，人们都开始了工作。

　　巴尔扎克知道还有更多的工作在等着他，现在需要洗一个热水澡，以便让自己劳累的身体得到放松。他经常在澡盆里消磨一个小时。因为那儿是他唯一可以去冥想而不被打扰的地方。

　　离开澡盆，刚穿好衣服，巴尔扎克就听到有人敲门了，他知道信差来了，他们是从各处的印刷所赶来的。很快，巴尔扎克的书桌上就摆满了需要进行二校三校的稿件，里面还有刚刚付印的校样篇幅，以及整沓修要改的新大样。

　　上午9点钟，巴尔扎克结束短暂的休息，需要进入工作状态了。对于巴尔扎克来讲，校大样并不简单。因为，强烈的责任感总是让他把第一次排印出来的稿子当成初稿来处理，屡次审视并修改着校样。

　　对于工作中的每一件事，他都有自己的严格要求，特别对排印大样，他坚持按照自己所定的制度：纸张必须特别长、特别宽，上下左右留着大量的空白，以便于校对改正。稿样必须用一种白色质地的纸张，这样就能使每一个铅字清楚地显示出来。

巴尔扎克重新在他的小书桌前坐下，开始这种被他戏称为"文艺烹调的工作"。时间一分一分地过去了，校样稿就花费了他三四个钟头，他的整个上午就这样结束了。接着，他用一顿简单的午餐来恢复自己的体力。饭后他继续摘抄备忘录，校正稿样，写点东西，或是查看邮件并给朋友写信。

在将近傍晚5点的时候，巴尔扎克终于放下了笔。仆人正在准备晚餐，他在这段时间可以接见一个朋友或一个出版商，但更多的时候是一个人独自冥想，他要考虑有关当天晚上所要完成的工作。这时候的巴尔扎克疲劳至极，似乎没有足够的力气到街上去，因此他在这个时候从不出门。

晚上8点钟到了，别人开始出去放松时，他上床睡觉了，并且马上就能睡着。他的睡眠可以说很好，一般都是沉睡而少梦。子夜，他的仆人又进来了，为巴尔扎克点上蜡烛。醒来的巴尔扎克穿上衣服，又开始了新的工作。

这就是巴尔扎克一连几星期或几个月的工作方式。直到手边的工作做完，他不想被任何事情和人打扰自己。在完全专心致志的时候，他的休息时间一直那么短暂。一本紧接着一本，一夜接着一夜，工作对于巴尔扎克来说，已成为一种强制的必要了，他说："只有工作的时候，我才能忘了痛苦。"

2. 烹调文艺

任何人都吃惊巴尔扎克那超强的写作能力，更敬佩他对待创作异常严肃认真的态度。他的大脑似乎没有停息的时候，在能写的时候就写，不写时就进行创作构思。他把每部手稿都当作"草稿"来对待，在正式出书以前，从未停止过修改。他把这种修改稿件的工作称为"文艺烹调的工作"。

由于巴尔扎克几乎每一部小说都是在写作前已经卖出去了，出版商和报社往往就像催债似的等待他的稿子"出世"。而他在那梦一般的工作情形中，也不知道自己已写了什么和写的是什么，只有排印出来，他才知道哪里写得好，哪里需要修订，哪里需要重新写，所以巴尔扎克每完成一部小说就得立即付印。

每当拿到刚刚付印的校样，巴尔扎克用一目十行的速度一瞥，就发现先前写的东西都不行。在他看来，里面到处是问题，句子混乱、意义不明、结尾粗陋，必须全部进行修改。于是，他开始修改那已排印好的文本了。

那最后修改的程度让人瞠目。字、句、段统统没有放过，甚至整段文字被替换掉。通常的校对符号根本不够用了，巴尔扎克就要用自己发明的符号了。很快，稿样四周的空白处已经被修改的痕迹占完了，现在，修改的部分比已印成的文本都多了。他在所改动的文字本身上又做了许多的记号，用来引起排字工人对那些补充的事后想到的东西特别加以重视。

很快，一页稿纸被那些纵横交错的墨迹完全占据了，于是，巴尔扎克把稿纸翻过来继续进行修改。但这仍是不够的。

当纸上再也没有地方容纳那些修改符号和十字交叉线时，巴尔扎克的剪子就派上用处了。不要的章节被剪掉，接着把新的纸粘在空缺处。在他终于觉得全部修改完后，这堆被加入修改和校正的线条、黑点和符号的文本，就成为一种比原稿更加难解和更加难读的稿子了。

在印刷所和报馆里，看着送回来的稿子，众人不得不聚在一起共同分析着令他们头痛的潦草字迹。因为即使经验最丰富的排字工人也无法单独去破解巴尔扎克的字迹。

即使老板付给他们双倍的工资，这些工人也只答应在一天排印巴尔扎克的作品不超过一个小时。而刚接触巴尔扎克稿子的人更是焦虑，因为要想破译巴尔扎克创造出来的"象形文字"，他们至少要学习几个月的时间，即便如此，他们仍旧有悬而未解的问题，需要一个经验极其丰富并具有特殊才能的校对人员去解决。

但是，对于他们来说，这样的工作仍处于初级阶段。因为当巴尔扎克收到第二次印好的大样后，又会把他们费尽心力完成的大样修改得满是墨迹，满是复杂的符号，直到它面目全非，难读程度类似于它的前身为止。

就这样，这种艰难的工作重复六七次，在后来的稿样中，渐渐的他不再把整段文字换掉，仅仅只修改个别句子，最后就只换掉几个字了。据那些工人说，巴尔扎克的某些作品，重新修改的校样高达十五六次，让他们烦不胜烦。

巴尔扎克在自己的写作生涯中所完成的小说数量是非常惊人的，但他所有的作品在出版前都经历了这样一次又一次的重写。巴尔扎克坚决进行这种严格的修订方式，谁也不能劝阻他，他不理出版商的恳求，也不考虑金钱。很多次，因为他自己要承担不停改正和重新排印的费用，而丧失了收入的一半，有时甚至全部。

巴尔扎克坚持在艺术上追求完美无瑕，如果有人破坏他的这种要求，他就会勃然大怒。有一次，一家报纸刊登了巴尔扎克的一篇小说，而那篇小说并不是巴尔扎克的最后校样。巴尔扎克十分气愤，尽管报纸的主编再三道歉，仍坚决断绝了同这位主编的合作。

对社会，巴尔扎克显得有些拖沓，但作为一个艺术家，他却是在进行一切作家所不及的凭良心的斗争。他十分爱护他的底稿校样，因为只有他自己知道在那间与外界隔绝的屋子里，他是怎样耗尽精力使工作达到十全十美的。它们是他的光荣。

所以，每一本小说完成后，巴尔扎克都会把每一本作品的底稿校样编成一份，各个阶段的都包括在内，再把它们装订成册。如果一本出版的小说有二百多页，巴尔扎克写的这个稿本不会少于两千页。巴尔扎克把那些册子当作他所能给予的最贵重的礼物，赠送给他认为最重要的朋友们。而这些受赠人也深知这些资料的宝贵的价值。

这些册子把巴尔扎克创作作品的无与伦比的精力、天赋的元气真实准确地表现了出来，这比当时任何的记载都生动。研究它们，我们就会发现真正的巴尔扎克。

3. 债台高筑

对于巴尔扎克来说，他与德·卡斯特里夫人的爱情经历是一个彻彻底底的悲剧，更是一场令他伤透脑筋的经济悲剧。

无数次经验表明，只要巴尔扎克想做生意、谈恋爱，或者计划旅行，巴尔扎克的经济危机就会出现。因为他的预算本来就很紧张，一旦占用一分钟的工作时间就意味着债务中的钱又增加了一笔。他浪费在戏院和德·卡斯特里夫人的客厅里的时间足够完成两部小说，而收入的减少又因为支出的增大而使经济状况更加紧张。

另外，巴尔扎克追求贵族情人的方式更使他负债累累。在追求德·卡斯特里夫人的几个月中，他用在马车上的草料费就差不多一千法郎，再加上裁缝的账单、三个仆人的开销和阔绰的生活，导致一帮执法官出现在他的面前。

现在，摆在他面前的只有一条路，尽快回到写作上来，但写作需要清醒的头脑，于是他需要逃离巴黎，躲开债权人，到一个别人找不到他的地方。他选择了沙妻的马尔冈家，这是他的一个朋友家。

动身前，他又签订了两个合同，预支了一千五百法郎，但他离开巴黎前必须付清一千四百法郎的债务，所以等他坐上去沙妻的驿车时，他的身上仅剩下一百二十法郎了。幸亏在住朋友家时，巴尔扎克没有什么需要花钱的地方。他除了吃饭时出来一会儿，其他时间就在房中写作。

为了节省资金，他还需要降低巴黎家中的开销，远离巴黎的他需要有人来帮助他清理家中的事情，平息商人的吵闹和与债权人斗争，唯一能够胜任这个繁重负担的人只有他的母亲了，他希望自己目前的困境能依靠母亲节俭持家得以解决。

顽固傲慢的儿子的屈服，对于老妇人来说是一种胜利，她开始勇敢地保护自己负债累累的儿子。她减少仆人数量，卖掉马车，尽可能降低家庭支出。她一个苏一个苏、一个法郎一个法郎地替他计算着。尽管这样，不久，面对债权人的轮番上门，她也毫无办法了。

没钱交房租了，房东扣押了家具。令她吃惊的是，一家面包店拿来欠费清单，他的儿子在那里吃了七百法郎的面包。老妇人别无他法了，只能给儿子写信。但她的儿子已不可能从出版商那儿再弄到一个法郎了，就算他每天二十四小时不停地工作，也还不清他短短几个月内所欠的债务。

巴尔扎克不断收到来自巴黎的恐吓信，他的钱包也逐渐空了，除了花费朋友的极少的接待费外，他带来的一百二十个法郎已经所剩无几了，他不好意思再在沙妻住着了。

巴尔扎克几乎陷入了绝境，他只有奋不顾身地投身于写作中。俗话说：置之死地而后生。巴尔扎克的情形清楚地在他的小说《蓝柏尔·路易》中表现出来。一方面他写着这部最有深度的作品，另一方面，他计算着逐日减少的钱，对付预先购买出版权的出版商的追索，想尽各种办法去延迟不可避免的再次破产。

创作风格的变化表明巴尔扎克告别了以前受女性读者喜爱的流行的浪漫派小说，开始从事悲剧故事的写作。不过当时的读者们都喜欢寻求刺激，可见这样的小说销路不会大，给他带来的物质财富也不会大。

巴尔扎克在终于把完成的书稿交给巴黎出版商，此时他已在沙妻待了六个月了，但经济状况并没有好转。假如他仍在这里停留的话，只会是麻烦朋友对他款待了。他如果向客气的主人借钱而暴露他的困境，这会令他十分尴尬的。

不过，巴尔扎克还是有别的地方可以去的，那就是卡罗一家。

他知道他们具有强烈的同情心，会很乐意收留他，而且他们也是穷人，自己也不用隐瞒现在的穷困状况。在他到达卡罗家时，身上的钱彻底花完了。巴尔扎克立刻向卡罗先生借了三十法郎。

卡罗夫妇经历过人生的起伏，得知巴尔扎克的境况后，他们十分理解并表示同情。他们拿出了自己所有的东西，竭尽所能来帮助巴尔扎克。在这里，巴尔扎克又有了可以工作的房子，这里是那么清静，还有令他精神愉快的空气，以及深深的友谊。

说实在的，巴尔扎克在这里过得很不错，因为他跟这些坦白的朋友聊两个钟头比认识的所有的贵族更能使他快乐。他的写作工作进行得很顺利，他不仅修改了《蓝柏尔·路易》的校稿，还写了多篇故事。除了巴黎的催债信件让他心烦外，巴尔扎克觉得在这里的生活很不错。

在巴尔扎克最初成名的时候，他曾对母亲许诺，会还她所有的钱。那时候的他，陶醉在突如其来的成功中，所以他大肆挥霍金钱。他还相信自己会找到一个富裕的女人结婚，从而得到永久的保障。但此时的巴尔扎克又不得不依靠家庭的帮助，再次成为人们眼中的败家子。他的黑暗期什么时候才能结束啊？

4. 一年中的两出惨剧

自从巴尔扎克走上文学之路，他就形成了一种习惯性活动，坚持要求出版商预付一定的报酬，他再进行写作，然后在规定的时间里完成书稿并交付。朋友们都觉得这种走一步看一步的生活毫无保障，劝他不要再这样下去。但巴尔扎克觉得自己所有的也是唯一的本钱就是文学上的声望，而且逼迫出版商们来买自己的文学作品，这种权利可以给他带来一种享受。而且他卖给出版商的只是小说名字，而没有一个字的内容，这样的规定也是对自己的一种鞭策，迫使自己抓紧劳动，以便在规定日期之前写完。

为了筹集他的一次旅行费用，他到处预支他可以得到的钱。他不但把一本言情小说重新出刊的权利卖掉了，还把一本没有进行写作的《一个新婚少妇的回忆》卖给了《两世界杂志》。而连载小说《西拉飞达》就剩最后几章了，杂志总裁布洛斯催了巴尔扎克好几次。

关于《西拉飞达》的稿子，巴尔扎克觉得自己用几天的时间就可以完成，所以他并不着急。在他的计划中，完成那部《一个新婚少妇的回忆》只需要两周的时间，所以他在旅行中完全可以搞定。

他所规定的时间表，这一次却没有遵守。因为这次旅行他所安排的日历已没有假期的存在，他在交际中花费了很多宝贵的时间，所以他没有完成《西拉飞达》的写作，杂志总裁布洛斯最后只得宣布停刊，这倒没引起多大的问题。问题严重的是，巴尔扎克压根没有进行《一个新婚少妇的回忆》的写作，而且对这本书已没有么兴趣了，因为想写另外一部小说——《幽谷百合》，他建议用这本书代替《一个新婚少妇的回忆》，而且把已完成的第一段稿子寄给了布洛斯。布洛斯同意了这个办法，很快，《幽谷百合》的第一段也完成了校审，要正式印出来了。

正在这时候，在圣彼得堡出现了一种刊物名叫《外国语杂志》。这家杂志社同布洛斯签订了合同：作家们在《两世界杂志》和《巴黎杂志》发表的稿件，可以在这家杂志上刊印。当时，巴尔扎克是俄罗斯人最喜欢的法国作家，于是，布洛斯就把《幽谷百合》卖给了这家杂志社，在他看来，毕竟巴尔扎克没有完成《西拉飞达》，给自己造成了损失，而且还欠自己许多钱，应该不会因此和他争吵的。

但是，当巴尔扎克听到这个消息后，表现出了令人意外的愤怒。他觉得自己作为作家的纯洁受到玷污，尤其在他收到一份《外国语杂志》，见到以粗制形式出现的新小说，并且带有许多从技巧上的缺点和一些笨拙的文句，这些都是他不愿让读者们看到的。

这样的问题对于巴尔扎克来说是不允许出现的，要知道他向来是把第一次排稿当作是草稿的，并在付印书稿之前要校对五六次乃至七八次的，可以想象，这让追求完美的巴尔扎克多么愤怒。

巴尔扎克觉得布洛斯是在欺压自己，他立刻采取行动，称布洛斯是污辱他家良知的心灵的罪人，要同布洛斯脱离关系，并对《两世界杂志》以及洛斯提出上诉。

得知巴尔扎克的决定后，他的朋友们都替他担心。因为布洛斯掌握着法兰西两个最有影响的杂志，他这个总裁的势力很大，完全可以成就或毁掉一个作家的名声，而且巴黎大多数作家和新闻记者都直接或间接地听从于他。此外，他也可以对一些大的新闻报纸的编辑施加压力。

在人们看来，巴尔扎克如果和布洛斯真的发生冲突，他也许找不到任何一家报纸来帮助他，甚至找不到任何作家来为他做证。这里面的原因，除了他和其他作家的交情不深外，更重要的是其他人根本没有反抗布洛斯的勇气。

巴尔扎克和布洛斯打官司，即便胜诉了，从实际上讲也会受到损失，因为巴尔扎克是孤身作战的，他的力量是不可能战胜这个势力庞大的集团的。

但是，巴尔扎克在自己作家的纯洁受到伤害时，是一定会抗争的，是不会退缩的。他不在乎别人对自己的个人攻击，一想到他要抗争整个无赖狡猾的巴黎新闻界，而且只有他一个人时，他心里是激动而喜悦的。于是，他坚决回绝了任何调解，勇敢地提出起诉，接着，布洛斯也向法院反诉他没有履行契约。

很快，这场争辩就从法院闹到新闻界和文学界里了。布洛斯动用一切手段来打击巴尔扎克，在《巴黎杂志》上肆意谩骂巴尔扎克，揭露他的私人生活，并嘲笑他的贵族头衔，揭露并批评他少年时代写的那些不光彩的作品，并到处宣扬他所借的债务，甚至对他的人品进行讥讽。

布洛斯还把自己旗下的全部作家发动起来，让他们做证，谎称把一个作家的稿子卖给外国杂志而不再给作者稿费是很常见的事。一些平时有交情的作家也出来做证反对巴尔扎克。

终于，审判结果出来了，巴尔扎克是获胜了，不过这只是在精神上，因为法院判决巴尔扎克必须偿还预付稿费给布洛斯。这是精神的胜利，也是物质上的重大损失。跟律师们打交道、出庭，应付辩论，巴尔扎克付出了几个星期的宝贵时光。尤其那些巴黎的新闻无赖到处搜寻他，使他的精神一直处于紧张状态，让他备受折磨。

不过，通过这次诉讼，巴尔扎克也得到了一个教训，他让自己小说中的人物遵循同样的人生格言：无论你要干什么，首先要获得权力，你必须随时准备好武器，如果不这么做，那你就会彻底失败！仅靠独立是不够的，你还要想办法让别人知道你的重要并依靠你，只有别人感受到你的重要性，而他们会受到你的攻击时，也就表明你在他们面前是强大的，是他们的主人。

巴尔扎克觉得自己的力量就是来源于忠实的读者。但由于读者都是分散于世界各地的，无法聚集起来显示出强大的力量，所以尽管有无数的读者也会被他的反对派轻视。而在法兰西作家中，自己拥有的读者最多，如果能够控制一个舆论机构，那么，自己就不用依靠杂志，对于那些曾经谩骂他、嘲笑他的寄生虫们，更是不屑一顾了。

于是，巴尔扎克开始着手建立自己的舆论机构。很快，他就注意到一家名叫《巴黎时报》的小型报纸，它在巴黎每周出两期，并不受人注目，而且这家报纸在思想上也和巴尔扎克不一样，倾斜于教会派和保王党。巴尔扎克对此却觉得无所谓，对报纸狭窄的销路和紧张的经费也不着急。因为他自恃读者多，觉得只要定期刊登自己的小说，任何一张报纸都会站稳脚跟。

《巴黎时报》的股本几乎为零，巴尔扎克接手后，便想办法建立了一家公司，并承担了报纸一半以上的股本。巴尔扎克带着兴奋而激动的心情开始筹股，尽管忙得焦头烂额，但他还是很乐观，干劲十足。

合同签订后，巴尔扎克对自己这个全新的事业立刻投入了全身心的力量。他还设立了编辑部，并招聘了一批有才能的年轻人，同时，他还为自己找了两个秘书。此时的巴尔扎克信心十足，不仅对自己的灼见自信，更坚信自己的实力。

于是，人们见到的《巴黎时报》彻底改变了。报纸上出现的所有比较有特色的文章，无论政论、文评还是小说、争辩，都是出自巴尔扎克的手笔。每天的任何一个时间，他都可能突然闯进编辑室中，看看有什么新情况以及督促他的编辑们抓紧工作，并给他们提供帮助。

巴尔扎克为了报复别的杂志，更希望因自己的报纸声望增高而使别的杂志降低声望，他进行了各种各样的应酬活动。在自己的住处，他连续多日请客，吃着海味山珍，喝着昂贵的酒。但他两个月期的房租还没缴纳，房东只好求助于执法官帮助征收那四百多法郎的房租。

《巴黎时报》的第一期出版了，巴尔扎克对它抱着过高的期望，不到一个月，他就估计《巴黎时报》的资产已有九万法郎。

巴尔扎克的想象力开始尽情发挥了，梦想着全巴黎都被自己踩在脚下，更幻想布洛斯会在自己的桌上放下十万法郎，恳求自己放弃《巴黎时报》，继续给《两世界杂志》投稿，而那些曾经作证攻击自己的作家们乞求他的原谅。甚至那些政客们在考虑制定德·巴尔扎克先生的政策。

但不幸运的是，这一切都是巴尔扎克对《巴黎时报》的美好期望，喜爱巴尔扎克的读者们对《巴黎时报》并没有多大的关注，账本上的数目也一直比较微小。那些股东们都在考虑出路了，悄悄地抛出了手中的股份，无可奈何的巴尔扎克也只能廉价卖掉了自己的股本。

这一次，巴尔扎克倾注心血的事业又失败了，对编辑工作厌烦的他也渐渐不再出现在编辑室里，投稿也逐渐减少了。短短的一年时间里，这个新的冒险事业又为巴尔扎克增加了四万法郎的债务。巴尔扎克曾有过勇敢的宣言："1836年我会变富的！"但后来，他又不得不承认："我在1836年并没有比1829年走得更远。"

5. 抵御

对于巴尔扎克来说，债务的烦恼总是如影相随，布洛斯案件的诉讼和《巴黎时报》的失败，使得他再也想不出任何推开债权人的借口。巴尔扎克不得不关上卡西尼街的家门，偷偷用"杜兰寡妇"的名义在战争街租到一间新公寓，并连夜把一些值钱的家具和书籍转移过去。

但巴尔扎克在任何时候都不失掉自己乐观的态度，在躲避那些债权人的时候，在这个自己的新住处他仍然能享受到一种安乐。

在巴尔扎克的精心安排下，任何一个不速之客要想到达"杜兰寡妇"的门前都是很不容易的。为了不让人发现自己的行踪、隐藏自己的日常生活，巴尔扎克在自己的家中实行一套不断更改的口令。来人只有不断地说出正确的暗号，才能在仆人的带领下一步一步地进入家门，才能得以与巴尔扎克会面。

为了逃避债权人和执法者，巴尔扎克借助自己所掌握的法律知识以及厚脸皮，采取了许多意想不到的诡计。这些诡计都曾经在他的小说中出现过。比如，为了达到延期庭讯的目的，他把期票转给第三者、第四者，同时利用从未接到邮件的借口，对人谎称传票没有送到他的手中。而那些得到通知去扣押巴尔扎克的巴黎执法者，却总是没有办法找到他。

也许是出于自傲，也许带着恶作剧的想法，巴尔扎克还加入了公开侮辱国法的行列。根据刚制定的法律，每一个公民都有入伍参加国防军的义务。巴尔扎克对这个法律置之不理，并拒绝履行入伍的义务。他认为国王路易·菲力浦是一个篡位者，没有权力来命令他，并自居为正统派保王党。

其实，不管怎么说，巴尔扎克的时间是非常宝贵的，许多台印刷机都在等着印刷他的稿子，如果去荷枪当一个士兵太浪费时间了，他也认为是对自己人格的一种侮辱。其实，任何时候，有些事情都可以通过特殊的方式加以解决。同样，巴尔扎克也可以磋商一下，凭借他的名望和在文学上的巨大地位，是有办法让他不用履行这个义务的。

但巴尔扎克的脾气不能容忍这种和解。他对接二连三召他入伍的命令置之不理，也拒绝前去解释没有报到的理由。最后，国防军训育处下了一道命令：罚他监禁八天。巴尔扎克听到这样的决定，却是捧腹大笑，认为这是荒唐无理的命令。

于是，巴尔扎克就和那些前来逮捕他的警察玩起了捉迷藏。在接下来的几个星期，巴尔扎克经常突然失踪。在白天，警察们屡次突然冲进他的房子，却总是一无所获。

在警察的眼中，巴尔扎克似乎是神龙见首不见尾，早晨发现在意大利剧院的包厢里，追过去却没影了；晚上又得到消息，说他在出版商的办公室里催要稿费，结果又是白跑一趟。偷偷回家后的巴尔扎克，得知警察经常盘问仆人们，为自己的一次次逃脱而感到非常快乐。

更令他高兴的是，他有时就站在门后偷听，那些警察却抓耳挠腮地发现不了他的踪迹。这些经历给他带来了灵感，也帮助他给一些小说增加了许多趣味。

但是在某一天早晨，国王终于可以庆祝自己在这场游戏中的胜利了。在潜伏了好几个小时后，巡警和侦探们终于看见巴尔扎克走进他的公寓，于是抓捕行动正式开始了。不到一个小时，巴尔扎克就在拘留所出现了。

巴尔扎克开始了八天的监禁，从他必须服刑可以看出，巴尔扎克过于夸大本国的读者对他的尊敬了。任何人都没帮他的忙，包括他认识的那些外国的贵族朋友们，曾经招待过他的钦差大臣们。

巴黎政府严格执法，不给予巴尔扎克任何特权，他关押在一间集体牢房里，那里关押的大都是工人。巴尔扎克与他们的待遇唯一不同的是，为他准备一张桌和一把椅子，于是，在周围的喧闹声中，巴尔扎克却趴在桌子上开始校对他的稿件，那样的认真安静，好像就在自己的书房似的。

在这厄运不断的六个月中，虽然巴尔扎克也偶尔会垂下头叹气，感觉失意，但他仍用自己幽默的态度，刚毅地进行了抵御。糟糕的是，就在这个时候，他那铜铁之躯第一次发出了警告，他居然头晕眼花地晕倒了，医生说，这是工作过度的表现。

医生叮咛巴尔扎克要注意自己的身体，他听从医生的劝告，并到乡下住了两三个月，但在那里，他仍旧和以前一样发疯地工作，把自己对这个纷杂社会的了解和认识，通过手中的笔尽情地描绘出来。

6. 《人间喜剧》的由来

经过社会磨炼的巴尔扎克逐渐成熟了，他的小说风格也逐渐发生了变化。初期作品中迎合大众需要的时髦趣味消失得无影无踪了。学会观察社会的巴尔扎克挖掘出了适合自己的创造源泉，那就是关注平常男女的感情，而放弃了对贵族的虚荣、野心的青睐。

一个人经历的痛苦经验和失望越多，品尝到的苦味越浓，他就越接近真理。巴尔扎克也是如此。现在，他自己的事情需要认真清理一下了。

以前不管巴尔扎克的经济状况多么糟糕，债权人如何逼迫，对于自己出版全集的权力，都坚持保留下来。无论遇到什么困难，对于超过某种限制的出版次数的版权，他都不会出让。在他看来，这宝贵的产业只有在可以使他的朋友和他的敌人骄傲和妒忌的时候才可以使用。

终于，为了追求贵族的寡妇，显示自己巨大的财富，巴尔扎克觉得到了出版全集的时候了。巴尔扎克要出版全集的消息一经宣布，立刻就有三个出版商闻讯而来，1842年4月，巴尔扎克同三家出版社签订了出版全集协议，而且这个全集每年中都有一部新作加入进去。

签订协议后，巴尔扎克立刻变得有钱了，因为他得到了一万五千法郎的预付款。协议里对巴尔扎克应得的版税也进行了规定。由此，巴尔扎克每年就有了固定的收入。同时，协议里针对巴尔扎克也有一个限制条款，那就是关于校对费用的。根据规定，如果一页的校对费用超过了五法郎，超出的费用就需要巴尔扎克自掏钱包了。对于这个规定，追求完美的巴尔扎克痛快地答应了。

但是关于"全集"这个名字，出版商觉得毫无特色，不能引起读者的重视，所以不愿使用，想请他换一个书名，最好换个能够表现出各部小说具有一定的联系，表明小说描写了整个社会的高度和深度。巴尔扎克也同意修改书名。

在巴尔扎克创作逐渐成熟时，他就确定把描写人类社会作为自己的方向，关于社会中的某一方面都由一本书来具体表现，这样每一部书都会成为这个文学大厦中的一块砖石。现在，为这一伟大的系统工程想出一个可以表达整个范围的书名的时候到了。

许多朋友给巴尔扎克带来了提议，他也考虑过，但一直不满意。后来，他的一个朋友来拜访他了。这位朋友刚从意大利学习回来，他精通意大利文学，对但丁的《神圣喜剧》很是推崇。在聊天中，巴尔扎克来了灵感：一个带有世界性的喜剧可以把他的那些小说联系起来，并和《神圣喜剧》相辉映，用社会的结构去对照神学的结构。《人间喜剧》可以说是完美的书名了。

巴尔扎克对自己起的这个书名很是满意，出版商也感觉十分贴切。不过，他们觉得巴尔扎克有必要为这部著作写一篇序言，解释一下书名所包含的意义。否则，一些读者就会认为有点夸张了。

一开始，巴尔扎克对写序言的建议并不在意，也不愿意自己动笔，感觉谁都可以写，而自己写只会浪费宝贵的时间。但是，经过别人的劝告，巴尔扎克考虑再三，决定亲自写了。于是，《人间喜剧》这篇著名的序言就诞生了。序言中透着令人惊讶的冷静和客观，释译了一个人类社会的系统，并提出一个论点：艺术家应注意观察人类变化无穷的特性。

巴尔扎克利用自己遇到的社会机遇，仔细研究，选择社会的重大事件，把许多同类的人物提炼铸成典型，从而记录下社会的各种善恶，形成了一部有关道德的历史——《人间喜剧》。

第七章　致富狂想曲

1. "富有"的地主

　　成名后的巴尔扎克一直生活在巴黎，纷杂喧闹的环境让他很难得到安静。他幻想自己拥有一片宽广碧绿的田野，他在田野中间盖上一间小草屋，这样他在从事自己清静的精神工作时就能避免外人的打扰。

　　巴尔扎克的这种想法并不是没有道理。在巴尔扎克未成名前，很少有人关注他，巴黎对于他来说，完全是一个观察社会的好渠道，只要他在那里正常地生活、写作，就可以观察巴黎的方方面面，看到一个真实的巴黎，而自己也不用担心被别人窥视。

　　但现在不同了，名声在外的巴尔扎克在别人眼里也成了观察对象，有关他的私生活细节出现在各种各样的报纸杂志上，他的门铃也是响个不停，新闻记者和债权人的不断到访，不仅使他的自由受到限制，也使他无法集中精力进行工作。

　　经过长期的考虑，巴尔扎克想到一个自认为两全其美的办法，那就是自己在巴黎的近郊寻找一个美丽的山村，然后在那里建造一所小屋，自己可以在这个安静的小屋中永远居住，这样就比住在巴黎节省大量的精力，而且到巴黎去办事或享乐也很方便。巴尔扎克觉得这绝对是一个便宜又便捷的好办法。

　　很快，巴尔扎克开始在巴黎附近的施维尔溪谷和达芜雷镇寻找适合的地方，以实现自己拥有"简陋的小屋"的梦想。1837年9月，他相中了一块九千平方方英尺的土地，于是花费了大约四千五百法郎，成了这块土地和上面已有房舍的主人。对于一年可收入五万到八万法郎的巴尔扎克来说，这点支出并不是一个大的投资，而且这笔费用只需要他写作三四个星期就可以赚回来。

巴尔扎克很是兴奋，因为自己多年的梦想终于可以实现了。但是，让人没想到的是，刚刚拥有这块土地的巴尔扎克又萌发了出无限大的欲望。因为他听说自己的小屋下面要修筑一个火车小站，如果这个消息是真实的，那么将有一条到凡尔赛的铁路经过他的小地产，他周围的田野肯定也要涨价，他感觉自己应该尽快买下周围的土地。

就这样，巴尔扎克不再建造自己的清静小屋了，他幻想拥有一个美丽的花园、一个果园还有一片巨大的森林。但巴尔扎克又犯了急躁的毛病，失去了分寸，他很快又看中了一大片地，却没有请专家来考察土地，就在几个星期内用一万八千法郎购买了这块大约有四万平方英尺的土地。

可以说，巴尔扎克当上了地主，他自己也非常高兴。遗憾的是，他没有考虑过如何去付款。因为他从不把以债务的方式存在的开销当回事。毕竟，他对自己能够点石为金的笔具有相当的自信。何况他还要在新土地上栽种果树，这也会为他带来财富。

波罗蜜是很受法兰西人喜欢的，可在当时，波罗蜜需要从远方运来，而法兰西人没有想过在暖室中进行培植。于是，巴尔扎克有了在自己的土地上培植波罗蜜的打算。

在巴尔扎克的设想中，如果培植顺利的话，他就能够赚取十万法郎的利润，这可是建造温室投资的三倍。他对别人说，自己已经邀请到维斯冈地伯爵夫妇来参加辉煌的冒险事业了。他们还将土地上的旧小屋作为自己留居时用，并付一笔合适的房租，所以，在巴尔扎克看来，资金是不用发愁的。

巴尔扎克急切地想住进在自己的土地上建的房子里。于是，很快，他的土地上就出现一大批工人，包括泥水匠、木匠、园丁、油漆匠等，土地上的面貌大变。一道用于支持房基的墙出现了，建设房子的土地也整理好了，铺上了石子路，果园里有了苹果树和梨树，并为其他果木搭起了棚架。

巴尔扎克拖着自己肥胖的身子忙碌着，并经常喘着气来回监督着工人们的工作。他希望无论花多少钱，一切都要在1838年的春天竣工。对于急脾气的巴尔扎克来说，如果他有改变气候的能力，他都希望果树现在就为他结果而不必等到秋天。

但是冬天来了，工程却仍然没有结束，随着墙的增高，花费也在不断增多。巴尔扎克渐渐沉不住气，并感到心慌了。他新作品的版税都花在新房的建设中了，从出版商那里不可能再预支到稿酬了，因为他的写作在建设新居中无法继续。

但是，困境中的巴尔扎克又想出了一个更新的投机事情来，认为自己已找到了偿还债务的办法，并能解决自己面对的危机。于是，在树木开始萌芽前，巴尔扎克突然失踪了，谁也不知道他究竟去了哪里，只知道他说过这样的话：自己以后"不会再烦恼，不必为我的物质生活而操心"，他很快"就要成为大富翁了"。

巴尔扎克在进行文学创作时，书中人物的心理逻辑和真知灼见能表现得淋漓尽致，但他本人在现实的世界中表现得则十分幼稚，他的钱包能被最愚笨的骗子掏空。巴尔扎克真的能依靠自己想出来的办法，从一个负债累累的文人转变成一个百万富翁吗？这实在令人难以相信。那他这次想一下子猎取到宝藏的事业究竟是什么呢？

2. 虚无的旅行

要探究巴尔扎克猎取到宝藏的事业得从1837年说起，那年巴尔扎克去意大利旅行，在返回的途中曾因得传染病而被隔离。在被隔离的时间里，不能工作，也不能随便走动，实在是无聊，令人烦躁，巴尔扎克只能和那些有相同遭遇、萍水相逢的朋友聊天。

在被隔离的时间里，巴尔扎克的聊天对象中有一个叫柏西·几乌斯比的商人。说到自己的家乡萨丁尼亚，他无意中说到他曾经在自己的家乡挖到过银子，如果自己真的想发掘，肯定能发现银矿。

柏西在向巴尔扎克谈论自己的经历时，绝对没有欺骗巴尔扎克或是勾引他去萨丁尼亚从事冒险事业的意思，更不知道自己的一番话在巴尔扎克的心中投下了一个火种。

极富想象力的巴尔扎克在听了柏西先生的话后，似乎已看到从灰色的渣滓中冒出的银子堆成的一座雪亮的山。他催促柏西立刻行动，请化学专家去查验那些被挖掘出来的渣滓成分，并表示他们可以合作，并招募一些资本共同挖掘。只要他们自己掌握大部分的股票就可以变得富有，拥有想象不到的财富。

巴尔扎克出奇的热情让柏西先生十分吃惊，听着巴尔扎克的想法，他自己的热情却渐渐地缩了回去，但是他也答应考虑一下，并给巴尔扎克寄来了一些矿物的标本来。

于是，从这时候开始，一个幻觉总是出现在巴尔扎克的脑中，他自信拯救自己的就是萨丁尼亚的银矿。只要自己能挖掘出银子，那么新房子的费用就不是问题，以前的那些债款也可以解决掉，自己最终会成为一个自由人。

在巴尔扎克的畅想中，在写完《毕骆都·恺撒》最后几页后，而柏西先生的矿砂标本也送来了，他就可以着手招募资本了，当然这还要组织一批专门的技术人员。

但是，计划赶不上变化。时间一天天过去了，《尤利乌斯·恺撒》早已完稿，可巴尔扎克连标本的影子也没看到。巴尔扎克后悔让柏西考察那未知的地下财富了，他觉得应该自己去实地考察。但是现在，贫困的巴尔扎克连几百法郎的旅行费用也无法解决了。

最终，还是喜爱做投机生意的母亲借给了巴尔扎克一些路费，几个穷朋友给他凑了一部分，于是，巴尔扎克动身前往萨丁尼亚，踏上了寻找银矿的征程。他愚蠢地相信柏西先生把这个大秘密只告诉给他一个人，所以，他不觉得会有第三个人知道，更没考虑过任何一个有钱的资本家都可能比他先行一步。

显而易见，巴尔扎克这次旅行的结果一定是悲惨的。一个没带任何仪器，操着不流利的意大利语，几乎平生没有见过矿山的作家到哪里去寻找矿砂呢？没带任何介绍信，也没钱去获得信息的他还不愿意把这个消息透露给别人，也就意味着他无处打听相关的信息，他没有别的东西可以依赖，只有自己的直觉。

更重要的一点是，巴尔扎克是不可能在开采矿山的研究上浪费几个月的时间。时间就是金钱，对于没有金钱的他，时间就显得更为宝贵，所以他必须抓紧时间出发。他连续五天五夜没有睡觉地坐车往前奔驰着，因为所带的金钱有限，每天维持生活的只是十苏钱的牛奶。

接着，他遇到了一件着急也无法解决的问题。赶到马赛的巴尔扎克发现近段时间没有到萨丁尼亚的船,唯一办法是绕道科西嘉,找到一条小船渡过海峡。这严重打击了巴尔扎克的信心,热情也大大消退了,但是他很不甘心,为了银矿坚持继续往前走。

经过在海里一阵巨浪颠簸的行驶后,严重晕船的他又要面临新的考验了。一个与外界断绝五天联系后,他又不得不去寻找一个能驶向萨丁尼亚的船夫,这浪费了他更久的时间。巴尔扎克的心中充满了焦急和烦闷,也不可能在那焦急的等待中工作,于是他便带着烦躁的心情游览了拿破仑的故乡,同时还在不停地诅咒柏西,因为在巴尔扎克看来,是柏西引诱了自己来此受苦。

最后,经过一个多月的耐心考验、痛苦折磨,巴尔扎克终于站在了他梦寐以求的岛屿上。但银矿并没有在眼前,还在二十英里之外。在这里,没有其他交通工具,肥胖的巴尔扎克也不得不骑马继续赶路,在见到柏西时,距离他们相识已经有十八个月了。

得知巴尔扎克的经历后,柏西被他的热情深深感动了。于是,他发动了自己所有的关系,并如愿拿到了矿山开采权。但此时,巴尔扎克对开采矿山已经毫无兴趣了,现在的他最想做的就是尽快回到巴黎,尽管那里是他的"可爱地狱"。

就这样,靠借路费回到巴黎的巴尔扎克结束了三个月的旅行,他为一个无所谓的谈话冒了一次险,也使自己的健康受到影响,说起来可真是一个悲痛的教训。其实对于银矿,巴尔扎克的直觉也很正确,但只要是他操作总是事与愿违。因为,他寻找却放弃的萨丁尼亚的银矿,在短时间内就为别人带来了巨额财富。

在创作文学作品时,巴尔扎克的幻想和天才能够得到尽情发挥,给自己带来的不仅是金钱,还有不朽的名声。但是,一旦他想通过其他方式得到金钱时,无论如何努力,结果却只有不断增加的债务，迫使他不得不加倍地工作。

3. 花费巨资的"陋室"

结束萨丁尼亚之旅的巴尔扎克，希望自己能躲在房子中，安安静静地工作，把浪费的时间找回来，以缓解自己那没付清的账目、逼人的官司，但现实是令人失望的，这里一切都没有准备好。地面还是杂乱无章，房子也没有封顶。巴尔扎克急躁的天性又发挥作用了，他督促工人抓紧施工。

不久，当最后一块瓦尚未铺上屋顶时，他不顾医生的劝告，就搬了进去。虽然耳朵中充斥着打铁和锯木头的声音，周围还进行着各种施工：为了伯爵夫人正在修改旧房子、铺修石子路及仓促间盖起的围墙都是混乱而危险的，但巴尔扎克毫不在乎，他为能住在属于自己的新房子里而高兴。

他把自己的房子的周围描述成一幅无与伦比的稀世美景，但他朋友和客人们在这里只看到伸向天空的几棵果子树以及裸露的土壤。时间一天天过去了，工人们还在不停地翻动着土地，因为巴尔扎克总是不停地变化着想法。一会儿想建造暖室栽种波罗蜜，一会儿要栽种生产烈酒的葡萄，一会儿又要安装一扇刻字的石门，并在旁边修一条弓形的长廊。

同时，他要监督工人修饰维斯冈地伯爵夫人要居住的屋子，以便伯爵夫人到来后可以与自己进行幽会。这就是巴尔扎克想象的美丽的伊甸园，但实际上，这里一切的账目都是赊欠的，巴尔扎克所畅想的美景还没实现，利息却在快速增长。

悲剧开始上演了。一天早晨，巴尔扎克被一阵响声惊醒了，惊慌中的他发现花费巨资修建的围墙倒塌了。苦恼的巴尔扎克不得不重新修建围墙。

但几天后的一个夜晚，他又被雷鸣般的响声惊醒了，围墙在雨中又一次倒塌了。更为严重的是，因土地松软而倒塌的围墙石块一直滚到了邻居家的田地上。邻居吵闹着，并恐吓巴尔扎克要告到法庭上去。巴尔扎克拥有了土地，也开始体会到了土地为自己带来的除了快乐以外的其他体验了。

巴尔扎克想在这里过与世隔绝的生活，不请任何客人来打扰他，但是那些执法官和其他法律工作者，为了阻止他转移最值钱的家具，不顾攀爬那些石堆而频繁光顾。

在他隐居的这个山村里，躲避债务的老把戏又开始上演并加以改进了。他修建了瞭望哨，在里面随时关注出现在附近的生人。一旦发现有人靠近，他就把自己屋中值钱的东西迅速转移到伯爵夫人的屋子里。

等到执法官好不容易到达他的房子时，他们会失望地发现，这里除了一张书桌、一架铁床及一些不值钱的手杖外，没有任何可以执行的家具，不得不离开。于是，巴尔扎克又把自己的宝贝搬回来。

在很长一段时间里，巴尔扎克就用这种方法应付前来讨债的债权人。这个游戏给他带来了一种天真的快乐，他为自己用机智的方法去挫败他们而得意。

但事情的结局并不如意。巴尔扎克的债权人开始采取行动了，他们到法院进行起诉，但令人意外的是，他们控诉的对象不是巴尔扎克，而是毫不知情的维斯冈地伯爵。伯爵被指控藏匿巴尔扎克一部分家当，对于巴尔扎克的债权人来说，他们的权利遭受了损失，所以伯爵必须负责赔偿。

这项指控在巴黎成为诽谤家的笑柄，给伯爵家也造成了影响。维斯冈地伯爵夫人对巴尔扎克忍无可忍了，巴尔扎克无尽的经济困难给他们之间的关系也蒙上了阴影。于是，维斯冈地伯爵夫人终于决定终止与从巴尔扎克的关系，并从他的地产上撤出了所有的资金。巴尔扎克遇到了更大的难题了。

巴尔扎克为了自己的地主梦想，运用诡计，以一万五千法郎虚假拍卖自己的地产，但没有成功。花费了近三个年头、投资十万法郎建设自己梦想中的"陋室"，但最后以失败告终，一无所获，还使债务又增加了许多，别无选择的巴尔扎克不得不重新找寻避难所了。

4. 逃跑的苦工

"一切事情都向坏处流——我的生活、我的债务和我的工作。"这是巴尔扎克在概括自己四十岁所处状况时说的话。他如此努力地建筑自己的房屋，既浪费了宝贵的时间，也使自己的债务靠夜以继日地写小说也无法填平了。不过，他还是心存幻想，幻想着奇迹尽快出现。

既然挖掘银矿的事业已不能带来财富，巴尔扎克立刻又转向另一个富源——戏剧，希望能尽快淘到金钱。对于巴尔扎克来说，这也是一种不得已的方法。巴尔扎克清醒地知道自己的才能在小说方面最能发挥出来，而戏剧并不是很擅长。但凭借自己的天分加上意志力量的集中、内心能力的运用，他觉得掌握戏剧的技术并不是难事。

但他现在搞戏剧，只是认为这是容易赚钱的方法，并没有全身心从事戏剧事业的想法。这种态度和他以前所有从事实业的经历一样，缺乏冷静的思考和分析。他又开始自己的美好设想了：如果每年写十几部剧本，只要有一部成功的剧本，就可以为自己带来十万到二十万法郎的收入，那样的话，在戏剧上面也算是获取成功了。

巴尔扎克对待戏剧，如同一个赌徒，缺乏严肃的态度，仅仅想依赖运气而非实力。他竟然认为自己行动的第一步也是最重要的一步，就是找到一位戏剧院的经理，而且他能让自己预支大量款项。如果这一步成功了，在他看来，剩下的只是一些琐碎的小事了——按期如约交出剧本，这和从经理那里得到的预支款项相比，简直是小菜一碟。

巴尔扎克在青年时代曾经创作过十来部不成熟的戏剧。他觉得要加工成剧本，可以随便找个人来替他干这些文字工作，也花不了几个钱，而他只需要向助手解释一下舞台的布局，再稍微进行润色就可以了。这样一来，一本剧本只需要三四天时间，一年内轻轻松松就可以写二十来部戏剧，剩下的时间他就能够进行那些精心构思的小说了。

巴尔扎克幻想自己通过这种方法获得丰厚的利润，却不考虑戏剧的必要条件。很快，巴尔扎克就找到替他从事文字工作的人了，一个名叫拉赛伊·查理的穷人。谁也不知道巴尔扎克从哪里找到他的，他忧愁的脸孔上挺着一个巨大的鼻子，一头蓬乱的头发直披到肩膀下。从没看过戏剧的他，在最最宽厚的批评家看来，也不知道他有什么才能。

当拉赛伊·查理被巴尔扎克游说拉到达芜维去的时候，对自己将干什么是一点概念也没有。虽然巴尔扎克在路上不断地对他说着自己的宏大计划，但对于戏剧，他的脑中仍是一片空白，更没想到要去写一部剧本。

但令拉赛伊·查理意外的是，在巴尔扎克家，他面对的第一个"工作"竟是一顿佳肴。在早晨5点钟，巴尔扎克家中的桌子上摆着丰盛的酒菜。面对主人如此热情的招待，拉赛伊也很兴奋，他喝了很多酒，想象自己极有可能在酒足饭饱之后，给主人想出一个好主意。但在6点钟后，主人离开了饭桌，并请他去睡觉。

6点钟，太阳要升起来了，在平时，拉赛伊要开始一天生活了。自从懂事起，他没有想过要在这个时间上床睡觉，但在这里，他是不敢违抗主人的。于是，拉赛伊被带到了一间卧室，并钻进了被窝。也许是因为喝酒了，没多久，拉赛伊就沉沉入睡了。

子夜，睡梦中的拉赛伊觉得有人在摇自己的胳膊，突然惊醒的他，看到了站在床头的巴尔扎克。在他惺忪的睡眼中，穿着一件白色袍子的巴尔扎克就像一个鬼魂。巴尔扎克对他说工作的时间到了，命令他立刻起床。

拉赛伊轻轻地叹了一口气，这种昼夜颠倒的生活方式虽然不习惯，但他也只有服从的份儿。巴尔扎克让拉赛伊坐在自己桌边的椅子上，开始解释如何写作戏剧。于是，拉赛伊就这样精神恍惚地听着，一直到早晨6点钟。

终于，拉赛伊可以回床去睡觉了。接着，白天，巴尔扎克写作自己的小说，拉赛伊就着手起草剧本，晚上他把完成的稿子交给巴尔扎克，然后两人一起讨论进行修改。

午夜又要到了，拉赛伊知道主人马上又要来摇自己了，浑身不禁惊惶战栗起来。在等待中，他无法安稳睡觉。但在工作时，他更觉得痛苦，晚上他刚写的原稿被巴尔扎克在讨论时批驳了，他又不得不重新改正。

这样的状态持续了两三天，拉赛伊本来就没有多少墨水的脑袋彻底空了，他觉得痛苦不堪。现在，他对巴尔扎克提供的丰盛佳肴也失去了兴趣。从早晨6点钟，他躺在床上却无法入睡，只能睁着眼睛一直到午夜。他尤其害怕与巴尔扎克进行的讨论。

终于，拉赛伊采取行动了。一天夜里，他突然逃走了。当巴尔扎克又来到拉赛伊的卧室时，床上没人，桌子上只放着一张纸条，那上面是拉赛伊对巴尔扎克这个主人的抱歉话语。

拉赛伊突然逃离打乱了巴尔扎克原来的计划，他来不及再找另外一个助手。为了能够拿到剧院答应的六千法郎的预支款项，实现自己的富裕梦想，巴尔扎克不得不亲笔来完成这个剧本了。

5. 草率的剧本写作

巴尔扎克亲自完成的第一个剧本名字叫《第一小姐》，后又改名为《家政学校》。为了尽快签约，拿到预付款，巴尔扎克还在写最后一幕的时候就找了二十多个排字人员进行第一幕稿子的排印工作。几天之后，他就交出了《家政学校》的稿件。

当巴尔扎克兴冲冲地拿着完成的剧本出现在戏院经理面前时，

他才发现自己小说家的名气并没有带来多大的运气，他被这些只关心包厢销售情况的经理婉言谢绝了。巴尔扎克的赚钱梦在现实面前又惨遭打击了。

别的名家，甚至是普通人遇到这样的经历都会觉得受到了侮辱，至少觉得难堪，而巴尔扎克毫不在意，甚至有点越挫越勇的精神。但是如果别人知道巴尔扎克创作剧本的过程，就能预料到他的新剧本是不可能有多大的进步的。

令人吃惊的是，巴尔扎克很快拿到了新契约，而且这个契约对他来说是很有利的。原来圣马丁门戏剧院的经理哈勒尔正在寻找一个能够吸引观众的剧本，而且比较着急，巴尔扎克听说这个消息，就找到哈勒尔，提议把自己作品中的伏脱冷可以改编为剧本。

哈勒尔极为兴奋，因为伏脱冷已经是一个有名的人物了，他如果出现在舞台之上，再找名人来扮演，这一定会轰动整个巴黎。协议很快就达成了，哈勒尔很看好巴尔扎克的伏脱冷，相信会给他创造极大的财富。

这一次，巴尔扎克投入了自己更大的精力。他在报纸上大造舆论，展开强大的宣传战；他穿着工作服，光着头，每天都气喘吁吁地赶到戏院与演员们讨论角色。他决定参加全部的排演，并为他的朋友留下包厢，他坚信自己戏剧的初演肯定会在全巴黎的社会和知识界的上层人士中造成轰动效应。

在这段时间里，巴尔扎克过得十分忙乱，但一件极为重要的事情被他忘记了，那就是剧本。一切准备就绪，经理和演员们都在等他的剧本了。还没写作的巴尔扎克答应他们，剧本在二十四小时之内就会出现，绝对不会耽误明天的排练。

于是，巴尔扎克召集四五个可靠的朋友到他家里开会，宣布他们是自己完成剧本的写作干部，每人负责编写一幕，一幕不超过四五百行，要求大家在一天一夜内完成。但是很遗憾，尽管大家从巴尔扎克那里得到了剧情的简略指示，费了很大的劲，还是没有完成。因此，第二天等待中的哈勒尔也不可能看到剧本。

剧本终于完成了，可以想象得到这是怎样草率的剧本。哈勒尔为了自己的商业效益，在广告上宣传这是一部杰作，而且观众席一半的座位被巴尔扎克买走，用来送给朋友，让他们一起感受自己的剧本。但前三幕的演出效果冷淡，也使巴尔扎克的那些朋友们觉得难堪。

第四幕上演时，却产生了一场风波。扮演伏脱冷的演员为了把伏脱冷装扮成一个墨西哥的将军，选择了一副和国王的爱好一样的假发，引起看演出的几个保王党员的不满，开始吹口哨，包厢里的王子也示威似的离开了剧院。现场的局面是一片混乱。

很快，国王的命令也到达了，要求剧院禁演。文化部考虑到巴尔扎克的名声，禁演可能会引起巴尔扎克的抗议，私下里想给巴尔扎克一笔补偿款，但巴尔扎克骄傲地拒绝了他急需的五千法郎。因为在他看来，他在精神上已经获胜了。

巴尔扎克没有从《伏脱冷》的惨败中吸取教训，修补自己创作戏剧的方法。为了求证自己的幸运，他又尝试了几次，但都没有逃脱失败的命运。

短短的时间里，巴尔扎克进行了三大疯狂举动——建筑自己的"陋室"，萨丁尼亚的银矿和剧本的写作，全部以失败告终。巴尔扎克四十岁了，事实证明，他在处理人情俗事上的能力和经验并没有比二十年前增长多少。

6. 创办《巴黎评论》

巴尔扎克搞建筑、探银矿和写剧本失败时，没耽误他在文学上的成就，更没用完他那富有弹性的力量。

在此期间，《幻灭》的第二部已完成了，《妓女们的盛衰》也没中断写作。同时，《一桩可怕的故事》和《打水姑娘》问世，又创作了《两个新嫁娘》，以及大量的音乐小说和小品文，《乡村的教士》的初步格局已完成，《夫妇生活的小悲剧》也在进行中。

在那些批评家、新闻记者和群众注视巴尔扎克接连失败的几个年头里，他埋头于写作《人间喜剧》，使其内容不断增长，他也一直在用观察的目光从窗帘背后看出去，企图发挥力量去抵抗他要面临的可怕的事实。

当时，巴黎的少数作家为了能够保护自己的职业利益，组成了一个联合组织，叫做作家协会。但会员们的活动仅限于聚会，那些已经通过的议案仅存在于公文橱里，很少有人去真正履行。巴尔扎克知道这样的协会是毫无用处的，只有作家们真正联合起来，认清并履行自己的使命，才能形成一股强大的力量。

认识到这一点的巴尔扎克觉得有必要改变这些作家组织，从而使它变成一个保护作家权利的强有力的武器。可以说，巴尔扎克在这一点上是有前瞻性的，是第一个真正产生这种意识的作家，但遗憾的是他那一贯急躁的情绪又开始捣乱了。

当时，因为巴尔扎克很受欢迎，他的作品在世界各地都获得了出版，但在比利时却被当地的出版商翻印了，而且在欧洲每一个国家都有比利时印刷的翻印小说，因为是翻印，不需要承担版税，所以这些小说价格比他本国还便宜很多。巴尔扎克没有从中得到半分的报酬，但他在乎的不是这个，而是自己的声誉，因为这些小说的印制水平都很差。

针对这样的情况，巴尔扎克很快编写了《法国作家协会法典》，并到各地发表激情的讲演，他不断地进行努力，想把作家们组织起来遵守法典。但他很快就意识到自己抗争的势力太强了，暴躁的脾气使他无法在社团待下去了，他倡导的思想也不可能在社团中实现。再次品尝到了失败滋味的巴尔扎克，最后不得不从这个协会中退了出去。

接下来的打击使巴尔扎克的影响能力又遭受了重创。

巴尔扎克在几年前认识了一个名叫柏伊特尔的新闻记者，他因为经济遇到困难，找了一个富裕的女人结婚。这个女人是斜眼，有传言说她还有情人，而且那男人就是她父母家的仆人。在嫁给柏伊特尔时，这男仆也一起来到柏伊特尔家中。一天夜里，斜眼女人和这个男仆由邻村回家的途中遇险了，被人刺死在路边。柏尔特尔遭受严刑拷打后，承认自己是刺死他们的凶手。

巴尔扎克得知这个案件后，对案子的心理方面很感兴趣，于是，他放下自己的工作，到监狱和已经被判死刑的柏伊特尔进行了谈话。他发挥了自己的超强想象力，认为在黑暗中难以辨认，柏伊特尔是出于自卫而开枪打死了男仆，又不小心打死了妻子。

巴尔扎克立刻替柏伊特尔起草了一份诉状并递交法院。虽然这是一篇充满法律见地和法律逻辑的杰作，但是任何非官方的口供，法院都将拒之门外，于是这份辩护词被驳回了。巴尔扎克不在乎时间和金钱，为一个自己认为无罪却被判死罪的人辩护，结果遭到的是又一次的失败。

巴尔扎克依旧不气馁，他还是不断在各处宣传自己在文学、社会和政治各方面的见解主张。他知道自己的自由写作在巴黎的编辑记者先生们那里是通过不了的。以前，只要在他们所控制的机关报纸上发表自己的意见，有的被彻底撤稿，有的就算能发表出来的也会被删减得失去原有的意思。巴尔扎克觉得如果不被自己过多的思想憋坏的话，那就必须为自己创办一个能畅所欲言地说话的刊物。

于是，《巴黎评论》诞生了。

巴尔扎克相信自己的影响会使杂志成功，因为他将负责《巴黎评论》全部的内容。在这本杂志里，人们将看到法兰西唯一的自由、独立的思想家和政治家——巴尔扎克每星期对时事的评论，对新出版的重要书籍的评论，以及欧洲第一个小说家在他自己所办的杂志里发表小说。

巴尔扎克身兼数职，他不但同时干编辑和编辑部的事，也得操心财务工作。他校对稿件、联系印刷商、监督排字工人，甚至监视送报。每天，他马不停蹄地在排字房和他的办公室之间切换，还得趴在破书桌上，在一片吵闹的声音中抓紧时间赶写文稿，同时又向部下发号施令。

在这样的状态下，他工作了三个月，所写的文稿足够三四部书用，但结果令人沮丧。巴尔扎克发表的政论，并未引起人们过多的关注，他的评论也是如此。三个月后，他离开了曾经忙碌的编辑桌，在付出巨大的心血和努力后，他又一次品尝到了失败的滋味。

但是他的努力也并非毫无成绩。例如，巴尔扎克关于司汤达的《巴尔姆修道院》的评论，在法兰西文学年鉴中绝对占有重要地位。当时的司汤达是一位毫无名气的作家，但巴尔扎克却认为他写了一部"有思想的文学的杰作"。在这篇文章中，巴尔扎克表现出了自己极高的艺术见解。

司汤达也为巴尔扎克的评论震惊，他最初甚至不敢相信，自己的作品得到的一直都是卑劣的评价，现在却得到一个令人尊敬的伟大作家的高度评价。巴尔扎克把他当作一个和自己同等水平的作家来表达祝贺，而司汤达接受了巴尔扎克的友爱之手，他和巴尔扎克一样，具有同样的艺术见解，因此，他更明白自己和巴尔扎克都是在为后代而写作的。

第八章　18年的恋爱

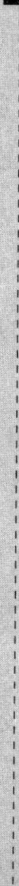

1. "无名女郎"的来信

在男人们的眼中，德·韩斯卡夫人绝对是个美丽而高贵的女人，身材虽然有点胖，但一点也没影响她那迷人的娇媚。出生于波兰望族的她从小就受到作家兄长的影响，对文学很是爱好。她会好几种语言，如法语、英语和德语等。她身上具有一种优雅情趣，而且很喜欢社交活动，认为参加这些活动是生活中不可缺少的内容。

她的快乐生活在出嫁后结束了。她的老公是乌克兰贵族温塞斯拉·韩斯卡，比她大二十五岁。他们在乌克兰的维埃曹尼亚拥有一个占地两万公顷的大庄园和几千名农奴，豪华的住宅里一切奢侈品应有尽有，大群的仆人、侍女、厨师以及女教师伺候着，尽管生活条件如此优越，但德·韩斯卡先生和他的妻子并不感到快乐！

他们结婚十一二年了，德·韩斯卡先生并不想花大量精力去管理自己的产业，总为如何处理他所继承的几百万财产而感到烦闷。德·韩斯卡夫人因为身处僻远的乡间，得不到任何有趣的刺激或文学上的交流而比他痛苦得多。

在德·韩斯卡夫人看来，生活枯燥乏味，缺少文化修养的邻居以及来家里作伴的两个穷亲戚丝毫没有乐趣。房子虽然宽阔，但总感觉寂寞无聊，而且大多数时间被雪覆盖着，也没有任何客人的拜访。对于她来说，除了每年春天到基辅参加一次舞会，每隔几年到别的地方旅行一次外，其他时间总是那么无聊。

无聊的德·韩斯卡夫人在文学上希望找到寄托。在他们住的地方，贵重的东西都是用马车从远方送来，所以她每周最盼望的就是负责运送邮件的马车的到来。德·韩斯卡夫妇订购了许多检察机关允许的外国报刊。在巴黎人们漫不经心浏览的报纸被德·韩斯卡夫人从头到尾仔细地读着。

晚饭后，德·韩斯卡夫人就同两个外甥女及女儿安娜的瑞士女教师埃尔·亨利·爱特小姐聚在一起，对她们读过的报纸和杂志进行谈论，交换她们的阅读意见和感受。她们带着激动的心情去评论这些遥远的戏子、作家和政客，那些人在他们眼中如同神仙一样。

德·韩斯卡夫人刚刚看完了巴尔扎克写的《私人生活场景》。巴尔扎克对女性心理的细腻描写让她深深感动，觉得自己从来没有读到过这样思想深刻的小说。可是，令她不解的是，这个作家写的《结婚生理学》却完全是另外一种风格，可以说是一部讥笑讽刺女人的书。他这样一个对女性十分了解、能洞察女人内心的作家怎么还会把女人当作嘲笑和戏弄的对象呢？

在德·韩斯卡夫人看来，像巴尔扎克先生这样的天才作家应当对女人有较中肯的意见，应该只描写《私人生活场景》里的高尚的灵魂，不应当浪费笔墨去提及那种奢侈的宴会。他不能发挥自己的长处，应该有人来指导他，使他走上正路！

于是，在又一个讨论的晚上，她们中间的一个人建议："我们为什么不自己来干呢？我们可以指导他，给巴尔扎克先生写信吧。"其他人听到这样的话，不是大笑就是愤怒地抗议。如果德·韩斯卡先生知道德·韩斯卡夫人给巴黎的一位奇怪的绅士写信的话，会怎样想呢？这样的行为，对名誉也是有危险的，因为巴尔扎克既然能写出《结婚生理学》，他的为人就不得不令人怀疑。总之，要预防以后出现不得体的事。

但是，她们冒险的念头最终战胜了所有的疑虑。于是她们经过讨论，决定写一封表示钦佩而富有浪漫性的信。当然，这封信不是由德·韩斯卡夫人来签名或执笔，可以找其他人抄写。为了迷惑巴尔扎克，她们还在信封上写上"无名女郎"的字样，避免让他猜测出写信人的具体情况。

于是，这封热情称赞巴尔扎克的信就在1832年2月28日到达了巴黎。对巴尔扎克而言，收到女性读者的信并不奇怪，而他当时因为忙于其他事情并没有立即拆开信。不过，在读完信后，巴尔扎克对能收到一封遥远的乌克兰崇拜者的信很是惊讶，想到自己的名字已经漂洋过海，更是感到骄傲和自豪。

凭直觉，巴尔扎克在这封信中再次感受到了贵族馨香的气味。在他看来，能订购各期最新出版的杂志，并从巴黎送到遥远的乌克兰，这是需要很多钱财的，订购的主人一定是相当富裕的，而能写出如此优美法文的写信者，也一定受过良好的教育。巴尔扎克幻想着，与他通信的"无名女郎"是一个年轻貌美的贵族女人，至少是一位高贵的公主。

巴尔扎克是绝不会让一位出身高贵的"无名女郎"久久地等候他的信的，然而他不知道对方的姓名或地址，无法回信。

不过，多才的巴尔扎克很快就找到一种十分独特的方式向这位"无名女郎"表示谢意。当时他的《私人生活场景》的增订本正在排印，里面增加的一篇《赎罪》还没有献词。于是，他就指示印刷商在书名页上印上来信上的印纹和"无名女郎"的字样，并标注上"1832年2月28日"。

在巴尔扎克的想法里，如果她收到这本新书，她一定会知道巴尔扎克先生通过一种较慎重的方式在向她表示谢意。令他没想到的是，这独特的"表白"后来被帮他校对原稿的德·柏尔尼夫人给删去了。而远在乌克兰的那些想冒险的女人们也不知道在巴黎发生的一切，更不知道她们的书信令巴尔扎克先生十分兴奋，并且已经猜测到她们的一切了。

2. 第一次会面

虽然远在乌克兰的写信合作者们并没有指望收到巴尔扎克的回信，但在无聊的日子中，她们一直在猜想这封信对巴尔扎克先生产生什么样的效果，是感到气愤或是受到奉承时充满喜悦呢？但是用什么方法可以知道巴尔扎克的反应呢？

1832年11月的一天，好奇的德·韩斯卡夫人决定跟她的好朋友们再给巴尔扎克写一封匿名的合作信。她一定要想办法知道巴尔扎克是否收到了信，因为还是不想让他知道自己的情况，所以她就在报纸上登了则启事："请您在《每日新闻》上发一个启事，使我确信您收到了这封信，我也可以放心再给您写信。请签上'致无名女郎'——德·巴·奥。"

接着，德·韩斯卡夫人在1833年1月8日的《每日新闻》广告栏里找到了下面的一段话；"巴尔扎克先生收到了您的来信。一直到今天，他才能借用这张报纸告诉您这件事，他很抱歉不知把他的信寄到什么地方。致'无名女郎'——德·巴·奥。"

看到这则启事的德·韩斯卡夫人的内心矛盾了，一方面是为伟大的巴尔扎克表示愿意给她写信而兴奋；另一方面是羞愧，她知道事情已经由幽默可笑阶段发展到危险的阶段了。丈夫很重视名誉，完全不知道她们所玩的游戏。其实，如果继续用"无名女郎"的假名进行这个游戏，倒没有什么。但如果要变成严肃的事情，绝对不能让丈夫知道，也不能让最初的游戏同伴们知道。

德·韩斯卡夫人有一个预感，她觉得自己在干一件跟自己的地位和节操都相违背的冒险事情。但这种偷尝禁果的滋味令她兴奋，并且能收到一封著名作家的亲笔信也是非常有诱惑性的，很难抗拒。她很快就产生一个快乐的愿望，如果能成为他小说中的女主角，该是多大的荣耀啊！

德·韩斯卡夫人是一个在即便冒险活动中也会保持头脑清醒的女人。她知道在她们这样偏僻的地方收到一封遥远的巴黎的来信，绝对是一件非常稀奇的事。因此，这封信在她看见之前，一定会吸引很多人的注意。任何不光彩的事一旦发生，立刻就会被她的丈夫和亲戚们知道，她必须找一个绝对适合她的计划而又不会背叛她的第三者来参加。

经过考虑，她发现身边的名叫埃尔·亨利·爱特的瑞士女教师是一个合适的人选。这位女教师已经跟随她好几年了，绝对忠实于她和女儿。她如果要让通信带有更多的个人私交成分而不让别人知道的话，这个瑞士女教师是最合适的中间人。

在亨利·爱特的帮助下，巴尔扎克和德·韩斯卡夫人终于能够通信了。巴尔扎克知道了应该把信寄到什么地方，而德·韩斯卡夫人也为这刺激的游戏感到兴奋，她越来越急切地等着巴尔扎克的回信。

紧接着，巴尔扎克的两封信的到来，给德·韩斯卡夫人带来了极大的惊奇与喜悦。在信中，巴尔扎克尽力去刺激、迷惑这位主妇。巴尔扎克说虽然有人提醒自己回复这样的信是非常可疑的，但自己心甘情愿"被感觉迷惑"，并描述了自己收到信后的激动心情，称她是自己"最甜蜜的梦中情人"。

巴尔扎克表现得十分多情，虽然他们还没有见过面，但他把自己的一部小说献给她。即使不知道她的姓名和长相，他就在写的第三封信里说："我爱您，我的'无名女郎'！"

不得不说，这些过早的真情吐露难免给人留下矫揉造作的印象。在巴尔扎克去世后，德·韩斯卡夫人烧毁了他们之间的大部分信件，从存有的书信风格可以看出，这些信除了疯狂的哀怨和令人作呕的奉承以外，根本没有别的内容。巴尔扎克曾在无意中说过这样的话："我需要自己来创造出种种感情来。" 这似乎给这些信件内容进行了一些暗示性的解释。

或许，巴尔扎克这样做的原因真的是要给自己的生活制造出新的爱情故事。因为他的第一个爱情念头就被德·卡斯特里夫人拒绝，于是他就试图一箭射中他的新的崇拜者。

同时，法国是一个浪漫的国家，读者们也喜欢浪漫的故事，不仅希望作家写出富有刺激性的情节，而且希望自己也成为一部小说的主角，最好题材也来自于上流社会，能达到这样要求的作家一般才会获得读者持久的欢迎。

因此，巴尔扎克向"无名女郎"发出矫揉造作的真情吐露去俘获她时，并非完全是天生幼稚所致，这里面带有很大的故意成分，他想和"无名女郎"建立起浪漫的关系，从而创造出真正的感情故事。

为了促使自己的爱情小说能迅速发展，巴尔扎克对女主角展开了猛烈的攻击，并以一个诚恳、纯洁、孤单和天真可靠的年轻人角色尽情地表演。

他对她说：只有她才能够填补他那颗已经对爱情绝望的心灵的空虚。一旦他得知她的名字，他就把自己的一切永远奉献给她，并大声地宣告："只有您才能使我快乐。夏娃，我的生命和灵魂都属于您，我愿做您的仆人。我用我的整个生命和灵魂来爱您，请求您别拒绝我。"

巴尔扎克这些疯狂的话，使德·韩斯卡夫人的欲望也被点燃了。她正式决定用这个"无名女郎"的身份继续他们之间的交往。1833年初，德·韩斯卡夫人突然督促她的丈夫带她到西欧去旅行，亨利·爱特也陪着他们，表面上说是照顾他们的女儿安娜，其实是要继续充当他们的秘密联络人。

德·韩斯卡夫妇第一站到达的是维也纳，并选择住在一个叫新沙特尔的地方。这无疑是德·韩斯卡夫人的意思，因为这里离法国相当近，巴尔扎克要来拜访她的话，也很方便。

巴尔扎克接到"无名女郎"秘密的命令，要他迅速赶到维也纳的一个郊外旅舍，在那里等候召见。他非常兴奋，计算着每一分钟，期盼时间过得快点。为了不引起别人的怀疑，他立刻对外宣布要去进行一个月的旅行，按照安排，第一站也是新沙特尔。

巴尔扎克经过四天四夜马不停蹄的行程后，终于到达了目的地——新沙特尔。但因为过度疲乏无力，他没有按照德·韩斯卡夫人的安排而错误地租了别处的一间房子。接着另一个指示到了，要他第二天的1到4点之间到散步场地去。

巴尔扎克日夜期盼的一幕就要上演了，他梦中的"无名女郎"马上就要揭掉神秘的纱巾了。这对书信来往了近一年的情人终于在新沙特尔散步场上相逢了。遗憾的是，关于这一主要场景的记载却没有翔实的资料。

　　唯一确定的是，他们这次秘密约会商定了一个可以让他们正常见面的机会。就这样，巴尔扎克当天晚上作为德·韩斯卡夫人一个社会上的朋友被正式介绍给德·韩斯卡一家人。巴尔扎克则一直跟德·韩斯卡先生和他的外甥女周旋，并没有机会用行动来表示他对"美丽天使"的热烈爱情。

　　德·韩斯卡先生虽然是个沉默寡言的人，但很钦佩在文学上和社会上取得成就的人。对于巴尔扎克如此著名的作家更是敬仰，为这次会面感到荣幸，也被巴尔扎克幽默、高雅的谈吐吸引。当然，他不知道妻子和这位作家之间的关系，还非常客气地欢迎巴尔扎克再来做客。

　　不过，巴尔扎克并不是很希望得到这种热情的招待。尽管给德·韩斯卡一家人讲谈文学趣事而使他们感到高兴，但他自己一直坐卧不安。德·韩斯卡夫人只有两三次机会陪伴巴尔扎克，而那个女教师也参与进来隔离他们。他们只能在湖畔或者在散步场肩并肩地进行暂时的交谈。

　　然而，在这个远离乌克兰的城堡里，从来没有遇到过这样炽热感情的德·韩斯卡夫人终于使自己的心平静下来，她知道巴尔扎克不会拿她的表示来危害她。于是，两人的感情有了进一步的发展，巴尔扎克得以在一望无垠的麦田里偷吻她一次。这让巴尔扎克异常兴奋，他带着成功的心情回到了巴黎，开始了美好的期待。

3. 欲望实现

回到巴黎，经过四天四夜行车而不能入睡的巴尔扎克仍然锐气十足，与德·韩斯卡夫人的会面，使他这次旅行取得圆满成功。他见到了心中神秘而美丽的女人，那个有着世界上最美丽的黑发、洁净的皮肤、迷人的小手的女人深深地吸引了巴尔扎克。

当然，美妙的身体并不是吸引巴尔扎克的最重要因素。在他看来，这个学识丰富、受过良好教育的贵妇人是他理想中的对象。更令他满意的是，她高贵的出身，而且她家族中的一个曾姨母曾经是法兰西的王后，因此可以称法兰西国王为"表哥"。

巴尔扎克认为最奇特的是，德·韩斯卡夫人的丈夫并不是她心目中的白马王子，但是他却拥有巴尔扎克所最向往的资本——他是一个百万富翁，拥有巴尔扎克只能够在小说里吹嘘的、虚构的巨额财产。而且他的健康状况并不如意，一旦死去，他的财产就是他妻子的，而巴尔扎克只要获得德·韩斯卡夫人的钟情，就会通过正当的手续来继承这笔财富。

经济状况一直不好的巴尔扎克，总在梦想有一天自己能够遇到奇迹，使自己摆脱这种忧愁和卑下的生活，过上富裕的、奢华的并且能自由创作的生活。现在他的愿望有可能实现了，这应当感谢那个对自己也很有好感的奇特的女人。所以，巴尔扎克决定从现在开始，凭着自己的一切忍耐、坚定和毅力来争取得到他的"北极星"。

巴尔扎克在取悦德·韩斯卡夫人的时候，也没忘记去获取她丈夫的友情。他除了用更亲密的口气给德·韩斯卡夫人写信外，还用较疏远的口气写了称呼"您"和"夫人"的其他信。

这些书信的目的就是要让身在日内瓦的德·韩斯卡先生认为德·巴尔扎克先生对整个家庭都有特殊的感情，更重要的是要让他相信：巴尔扎克想跟他们一起度过几个星期的快乐生活，这是即将前往日内瓦旅行的唯一目的。

为了表达自己对这个家庭的特殊友情，巴尔扎克得知德·韩斯卡先生喜欢搜集稿本，于是就送给他了一本《罗西尼》手稿，并客气地请求德·韩斯卡先生能允许自己送给他的妻子一本手稿。可怜的德·韩斯卡先生根本没有想到巴尔扎克在与他的妻子处心积虑地策划见面事宜。

巴尔扎克做好了旅行前的一切准备。当时《欧也妮·葛朗台》已成功发行，不仅为巴尔扎克准备好了充足的路费，而且还剩余不少。他怀着愉快的心情于1833年的圣诞节到达了日内瓦。德·韩斯卡夫人用自己的黑头发包裹着一个昂贵的戒指的方式来欢迎他的到来，这也是允许更多的爱情的预示。

巴尔扎克在日内瓦待了一个半月的时间，他每天十二个小时的时间都用在工作中，他只能够在下午和晚上来表示他对德·韩斯卡夫人以及她全家的感情，剩下的时间必须留给工作。同时，他带了描写他跟德·卡斯特里夫人的没有结果的冒险生活的《兰齐公爵夫人》的原稿，决定在这里完成。

巴尔扎克选择在这个时候来进行这个工作是有原因的，想以此来加重德·韩斯卡夫人心理上的压力。他每晚都给她念书中的情节，以此让她知道，一个作家报复玩弄自己感情的女人的方法。她一定检讨自己的做法，以避免受到同样的舆论批评。

德·韩斯卡夫人还没有最后消除对巴尔扎克的怀疑。虽然她并不是一个对婚姻很真诚的女人，但这种影响她名誉和地位的感情总会受到她的理性控制，避免这种冒险活动给她带来的危害。而且，她认为到旅馆去私会巴尔扎克是不得体的行为，一旦自己去了就是对巴尔扎克感情的屈服，所以必须慎重。

虽然她对巴尔扎克有情爱冲动，但巴尔扎克那粗俗的举止，平民的自吹自擂也令出身高贵的她难以忍受。被这样一位天才作家所爱恋令她有一种荣耀感，但她并没有方寸大乱。同时，她也意识到，他们之间的交往会使她成为历史事件中的角色。

就这样，好几个星期过去了，两个人一直在斗争着。从午夜到第二天中午，巴尔扎克抓紧描绘拒绝给他爱情的"兰齐公爵夫人"，以解心头之恨。放下笔，他就想法尽力打败另一个不肯向他屈服的女人。

在相持了四个星期后，德·韩斯卡夫人终于屈服于巴尔扎克了。巴尔扎克兴奋极了，他高喊着："她是我的了！"

巴尔扎克感觉自己终于在现实生活中品尝到了爱情的滋味，那是在浪漫小说中才有的。在他的努力下，那些看起来不可能的事情竟然变成了可能，把以前的虚幻变成了现在的事实，从而实现了自己最后的欲望。

接下来两个人该怎样呢？巴尔扎克在"一个女人和一笔财产"想法的促使下，对德·韩斯卡夫人最感兴趣的就是她的贵族证书和那大笔的财产。而德·韩斯卡夫人也从没想过要在巴黎建立一个平庸的家庭，接待巴尔扎克的债权人。

他们不考虑通过私奔、离婚或者决斗等结合的方式，现在这对情人约定每天都要通信，让对方知道彼此的感觉和生活上的故事，又互换了用来收藏他们所有之间信件的小箱子。等到她的丈夫去世，德·韩斯卡夫人成为几百万家财的继承人了，他们再结婚，那样他们的爱情就可以永远存在了。

这个不近人情的约定，在巴尔扎克看来并没有什么不妥当的地方。在他的想法中，德·韩斯卡先生最多再活一两年，到那个时候，他们的约定就可以实现了。于是，他跟自己情人的丈夫握手告别，返回巴黎工作，而德·韩斯卡一家人则动身前往意大利继续他们的旅行。

4. 维也纳之行

或许是巴尔扎克在日内瓦取得了胜利，想让德·韩斯卡夫人相信他是一个值得她献身的男人，或许是为了赚到足够多的钱，以便德·韩斯卡夫人回到乌克兰之前有足够的花销陪她在欧洲旅行，巴尔扎克自从回到巴黎后，在文学的创作方面比以前更努力了。他的好几部优秀作品就是这段时间内完成的，但是，他的健康状况受到了医生们的警告，让他不要再如此耗费身体，要注意休息了。

与此同时，他的天使——德·韩斯卡夫人却在意大利尽情地享受着她所"追求的甜蜜东西"。她不停地更换着旅馆，请人画肖像，流连于商店，收集着各种艺术品。巴尔扎克所缺乏的金钱、空闲，她都拥有。而在他们的通信中，丝毫没有流露出对巴尔扎克的思念。

在一年多的旅行中，德·韩斯卡夫人希望在每个地方都收到巴尔扎克的一封信，而巴尔扎克也忠实地定期给她写长达五百页的信。她尽管有一大把游玩的时间，却懒于给他写信，即使回信也表现得相当疏远。

不过，巴尔扎克给她的情书的形式和语气都随着环境而不断在改变。由于意大利检察机关实行按"信箱"转交邮件，如果瑞士女教师太频繁地收到巴黎的来信也会引起别人的注意。所以，巴尔扎克与德·韩斯卡夫人就不能秘密通信了，他不得不用德·韩斯卡先生可能允许接受的风格来公开给她写信。

在信中，没有了亲密的称呼，变得客气而彬彬有礼，还常礼貌地请求"夫人"代他问候家里的其他人。他只是假装成在与他们一家一起生活的日子里，他已经觉得是这个家的一员了，就禁不住给他们写信闲聊了。

然而，他的书信包含的内涵只有德·韩斯卡夫人才看得懂。他通过表示自己是非常热爱瑞士的风景，来表达自己是多么向往和她在一起。通过书信，巴尔扎克不但使德·韩斯卡先生相信他跟德·韩斯卡夫人的友谊仅仅是出于文学上的共同爱好，他也期望向德·韩斯卡夫人保证，即使他们分离两地，她仍然是他的唯一爱人，他对她绝对是忠诚的。

不过，德·韩斯卡夫人并不怎么相信他的保证。她在日内瓦已经觉察到他的矫揉造作。他们的那次旅店幽会更是令她生疑，因为巴尔扎克以前说自己爱情方面是非常害羞的，而且没有经验。但实际上，她发觉他说的都是假话。

巴尔扎克是巴黎的名人，他的一举一动几乎人人皆知。在日内瓦的时候，她介绍了许多居住在巴黎的波兰贵族与巴尔扎克认识，他们也一定向她说过一些他在巴黎的活动，如陪护病中的柏尔尼夫人、陪其他女人进戏院等。

尽管巴尔扎克用了很多办法，并对那些行为做出了合理的解释，但她就是不能完全相信他。巴尔扎克知道，他必须使德·韩斯卡夫人对他深信不疑，因为这将决定他俩的关系。可是现在她已经开始保持谨慎的态度了，这令他非常不安。

德·韩斯卡夫妇即将结束意大利之行，回到维也纳来过冬。明年的春天，他们就要回到遥远的乌克兰。巴尔扎克知道自己的"北极星"这次远离他后，他们就很难再相见了。

因此，若要巩固并加强他们之间的关系，首要的事情就是必须想办法再去看她。她是在没有防御的时候献身于他的，现在对自己的猜疑，必须通过再次的个人接触来消除，否则他就有失去她的危险。因此，他必须尽快到维也纳去一次。

巴尔扎克很快就找到去维也纳的借口了。他通知他的所有朋友，包括德·韩斯卡先生在内，说他为了完成他几年来计划写的一部小说，他必须到小说故事的发生地去调查，而这个发生地就在维也纳。但是知道寒冷的冬天即将结束，眼看着春天就要来了，巴尔扎克却还是在巴黎，总是由于各种原因无法前行。

在维也纳的德·韩斯卡夫人也很着急，她的丈夫坚持马上返回乌克兰，她费了很大的努力，用各种借口说服丈夫留在维也纳直到春天，一直到同意如果巴尔扎克5月还不来的话，就再也不能等他了。无论巴尔扎克再提出什么理由来要求延期，这都是不可能的了。

巴尔扎克知道自己必须要赶往维也纳，这对他非常重要。钱的问题他总是能够想到办法解决的，他很快就把家中值钱的东西拿去当了，又从出版商那里预支了一些钱，总算是赶到了维也纳。

德·韩斯卡夫妇住在维也纳的外交界区域里，他们就替巴尔扎克在附近的旅馆租了一间房子。凑巧的是，这个房间不久前有一个贵族自杀了，当时，他右手握着一支手枪，左手拿着一本巴尔扎克写的小说。

这说明巴尔扎克是多么出名，也使巴尔扎克知道了维也纳人是何等地崇拜他，而且他从德·韩斯卡夫人那里了解到维也纳的人们都在急切地等候他的到来，甚至很多高贵、令人尊敬的人也来向他致敬。可以说，巴尔扎克在这里享受到了作家的名望带来的所有荣耀。

跟维也纳的贵族交往让巴尔扎克十分兴奋，觉得自己也成为一个贵族了，他尽最大可能把自己装扮成高雅的人。他不坐平常的邮车旅行，特意订了一辆十分华丽的马车，上面印着德昂特拉格家的徽章，雇了一个穿号衣的马夫，甚至在路上也尽量地装作是一位侯爵。然而他那根吸引人眼球的手杖、特制的眼镜以及奢华的金扣子，总是摆脱不了暴发户的影子。

在纵情享受的诱惑之下，巴尔扎克差点离开书桌，仅有上午的时间可以工作，多半的时间都用在向德·韩斯卡夫人的献媚讨好上，遗憾的是，在维也纳他也没有机会可以像在新沙特尔和日内瓦那样偷情。

离开维也纳前，他给德·韩斯卡夫人写信表示，因为没有机会使两人可以独处，因为各种各样的障碍使他无法靠近自己的天使，令他浑身不舒服，并意识到唯一能做的事情就是立刻动身回到巴黎。

实际上，巴尔扎克必须尽快回到巴黎的主要原因是物质上的考虑，因为他的钱包不能再让他进行高雅的表演。这一次旅行共耗费他一万五千法郎，在他离开旅馆时，不得不向德·韩斯卡夫人借一个金币作为付给伺候他的仆人的小费。就这样，他迅速返回了巴黎。

5. 漫长的等待

　　巴尔扎克从维也纳返回巴黎，原以为只是暂时的别离，很快就能和德·韩斯卡夫人永远地结合，而且他坚信这个时间是不会太远的。但让他没想到的是，德·韩斯卡先生又顽强地活了八年，在这期间他们也一直没机会再见面。

　　人们常说距离产生美，有了距离就有了思念。但是对于巴尔扎克的爱情来说，距离是爱情的一大问题。经济上的原因以及他和维斯冈地伯爵夫人之间的关系，巴尔扎克没有去过乌克兰旅行。德·韩斯卡夫人已不能或不愿意游说丈夫再次到西欧来游历，所以他们在八年中没见面，爱情的火焰也在渐渐地熄灭。他们之间的联系仅保留着一种形式，通信内容越来越缺乏诚恳而显得冷淡。

　　巴尔扎克在信中还想保持着矫揉造作的热情，但德·韩斯卡夫人已经从住在巴黎的亲戚和朋友那里得知，维斯冈地伯爵夫人就住在巴尔扎克约尔地新房的隔壁。而德·韩斯卡夫人的女儿已长大，她现在可以和她女儿谈论一些机密的事了，不再需要通信给巴尔扎克来宣泄感情了。

　　其实，因为长时间的等待，巴尔扎克也失去耐心了，早已忘记与德·韩斯卡夫人之间的盟誓了。他对这个拥有百万家财却难以捉摸的北极星，已准备放弃了，开始为娶一个能替自己还清债务的女人做打算，只要那个女人拥有十万或二十万法郎就行。他在婚姻方面又回到了最初的理想："一个女人和一笔家财。"

但是，巴尔扎克和德·韩斯卡夫人都不愿意断绝关系。在这位伟大的文学家向她献媚的过程中，她感到一种荣耀，她也没有理由去自动放弃这种能满足她的虚荣心的通信。另一方面，巴尔扎克也喜欢向别人诉说自己的一切，包括他的工作、经济上的困难等，而且他很愿意有人私下里藏着他的信件，这能给他带来一种乐趣。所以，尽管他们的通信越来越少，但也一直保持着关系。

1842年1月5日，一封带着黑色花边的信寄到了巴尔扎克手中，他被告知韩斯卡先生已于1841年11月去世。他的心脏中流出了滚滚的热血。巴尔扎克激动得手都有些颤抖了。很久之前，曾经和他海誓山盟的德·韩斯卡夫人终于自由了。

巴尔扎克觉得自己美好的生活即将到来。尽管他和德·韩斯卡夫人的感情已开始淡化了，已经三个月没有通信了，但现在必须重新恢复，他们的同盟条约必须进一步演化为结婚证书，他们一定要实现曾经有过的诺言。

他一封又一封的信立刻就发出去了。在信中，他没有对她进行虚伪的安慰，只是表达自己对她的忠诚和思念，同时也对他们将来的生活勾画了一番。

在信中，巴尔扎克劝告德·韩斯卡夫人尽快给女儿找一个丈夫，而且这个丈夫家境要好，只要他再接受一笔丰厚的嫁妆，将来就会生活得很好，德·韩斯卡夫人也就可以放心了，也就能够像以前想象的那样和巴尔扎克生活在一起了。

巴尔扎克准备清理自己的债务了，并做好准备到德·韩斯卡夫人那边去，他感觉自己比任何时候都爱她，他满心期待着她的回信。

　　在焦急的六个星期的等待后，巴尔扎克终于收到了回信。但这封信一下子把巴尔扎克的希望击碎在地。德·韩斯卡夫人对他要求到她身边的请求断然拒绝，并取消了他们以前的盟誓。她要在有生之年把全部的爱都给自己唯一的女儿。

　　其实，德·韩斯卡夫人做出这样的决定也是有原因的：像她这样出身高贵的人，若是嫁给平民巴尔扎克，她的家人肯定会认为有失体面；她的家族也担心如果她再婚，就会使巴尔扎克得到家族的财产，于是开始与她进行诉讼；同时，她怕再婚后，家里人会夺走她唯一的女儿；再说，她感觉自己的年龄也渐渐大了，而巴尔扎克是一个耽于女色的人，自己能满足他吗？

　　这个否定的回答打击了巴尔扎克，但他并不准备接受。他又开始写一封封热情的长信给她，诉说自己对她的爱，让她坚信自己的诚实与坚决。他恳求她能给他哪怕一点儿希望，任何的让步他都可以做。他们的盟约不必立刻就履行，而且她可以规定任何一个时间，只要让他有等待实现的可能。

　　自从得到德·韩斯卡夫人到圣彼得堡去处理讼案的消息后，他的信就连续不断地向俄罗斯发出去，并开始计算从巴黎动身需要多少时间、多少路费。

　　终于，在德·韩斯卡先生逝世一年半后，1843年的7月，这位寡妇对她的"情人"发出"来吧"的邀请，在距他们初次会面的整整十年后，巴尔扎克到达了圣彼得堡，与他的北极星再度见面。

6. 终于结婚了

收到邀请信号的巴尔扎克很快来到圣彼得堡，并直奔德·韩斯卡夫人下榻的住所。他急切地表示要同她结婚。虽然她没有断然拒绝，但是表示在她的女儿结婚之前他们的关系只能保持现状。对于巴尔扎克来说，不管怎样，他总算是得到了一个等待的时间。

1844年7月，德·韩斯卡夫人的女儿安娜和年轻的贵族梅尼齐克·乔治订婚了，巴尔扎克认为他面前的一切灰雾都要消失了，但他又失望了。

德·韩斯卡夫人不理睬巴尔扎克的请求，坚持要与女儿和未来的女婿去德勒斯登过冬，并拒绝巴尔扎克去探望她。这个时候，她或许怕与巴尔扎克在一起让别人说闲话，或许是对他已定好的婚期要有意进行拖延，总之，她拒绝他来到她的身边。

时间到了1845年的春天，巴尔扎克收到了德·韩斯卡夫人的来信，说是希望见到他。他立刻按照要求赶到了德勒斯登，留下老母亲与债权人进行周旋，并请求出版商基拉帮助他平息读者的愤怒。在他看来，他已经干了足够的工作，他要生活，要像其他人一样享受生活！

巴尔扎克在德勒斯登过了一段快乐、惬意的生活。他们相处得很不错。梅尼齐克伯爵态度温和，喜欢捉昆虫，与安娜一样，喜欢享受和嬉戏。在他们看来，巴尔扎克简直就是上天派来给他们解闷的，他们在一起享受生活的轻松和快乐。他们到处游玩，接受着社会对他们的热情招待。

巴尔扎克甚至劝说德·韩斯卡夫人来巴黎访问，并陪着他们到处参观，同时分享他们的快乐。在这段时间内，巴尔扎克一丁点儿的工作也没有干。朋友、出版商、债权人，通通被他抛在脑后。

1846年10月，德·韩斯卡夫人女儿的婚礼举行了，她再也不能推托他们的婚礼了。虽然德·韩斯卡夫人已经四十五岁了，但仍然怀孕了。巴尔扎克很高兴，他早熟的乐观天性坚信这肯定是一个男孩，并给孩子取好了名字。

第二年的2月，德·韩斯卡夫人决定再次去巴黎，巴尔扎克立刻赶去福尔巴哈迎接她。因为，只要是她请他去陪她，无论她在哪里，巴尔扎克总会抛下一切，急匆匆地赶去赴约。

在巴黎第二次居住的时候，德·韩斯卡夫人生下了孩子，可惜不久就夭折了。虽然是个女婴，但孩子的离开对巴尔扎克也是一个沉重的打击。关于结婚，德·韩斯卡夫人继续不断地找出很多借口拖延，这次，她说她必须回维埃曹尼亚去照料她自己的事情，于是他顺从地陪她去福尔巴哈。接着，他便不得不地坐在书桌边继续工作了。

1847年9月，巴尔扎克到达维埃曹尼亚，在这里，他亲眼看到了德·韩斯卡夫人一家所过的奢侈生活。宽敞的住宅、美丽的庭院、精美的食品、众多的仆人让巴尔扎克十分满意。这里丰富而奢侈的贵族地主生活正符合巴尔扎克梦想中的生活，在德·韩斯卡夫人家中，巴尔扎克就像和在自己家中的感觉一样，惬意而舒服。

在这里度过的几个月中，巴尔扎克尽情地享受梦想中的生活。在工作上，他没有写出一个字，因为他得陪德·韩斯卡夫人，他是她女儿和女婿的"玩意儿"，帮他们解闷的滑稽伙伴。可以想象，巴尔扎克在这些衣来伸手饭来张口的人们身边，怎么可能集中精力进行创作呢？

1848年元月，巴尔扎克返回巴黎，带着德·韩斯卡夫人给的资金，回去筹备他们的新房。同年10月，巴尔扎克又来到千里之外的乌克兰，再次进行努力，说服自己的情人尽快答应结婚。

但是很不幸，目标还没达到，巴尔扎克就病倒了，而且状况很严重，几近崩溃边缘。这时的巴尔扎克已不能再给德·韩斯卡夫人他们带来乐趣了，不再是他们的"玩意儿"了，而成了累赘。

经过诊断，医生们断定巴尔扎克绝不可能再恢复健康了。德·韩斯卡夫人知道了这个消息，明白如果他们结婚，婚姻生活只会有短促的时间时，受某种同情心的驱使，决定答应这个追求了她多年的"可怜的巴尔扎克"的最后的请求——与他举行结婚典礼。

巴尔扎克和德·韩斯卡夫人在1850年3月14日7点钟于乌克兰柏尔第契夫城举行了秘密婚礼。只有几个人参加了他们的婚礼。典礼结束以后，他们就赶回维埃曹尼亚。两三天以后，巴尔扎克便坐下来向亲友们报告他已结婚的喜讯，称结婚是上帝给他的赏赐，用来补偿他多年的磨难，而他必定能收获一个灿烂的夏季和一个丰收的秋天。

第九章　最后的轨迹

1. 收藏家

在准备结婚前，德·韩斯卡夫人给了巴尔扎克十万法郎，让他购买家具来布置房屋。巴尔扎克想把新房建造成三位一体的宝室，即这个房屋不仅是宝藏室、画廊，还要是博物馆，最后完成的水平要能与王宫相媲美。

要达到这样的水平，得需要雄厚资金的支持，仅搜集贵重的艺术品一项就需要大量的资金，巴尔扎克解决这个难题的办法非常简单。从母亲那里继承的投机嗜好使巴尔扎克迷上了古董收藏。他想搜到优美的古代家具，在有利的机会中买到便宜货从而发大财，那他便可以花很少的钱把房屋装饰得富丽堂皇。

但是，巴尔扎克缺乏足够的耐心，他一旦开始购买东西，就再也管不住自己的购买欲望了。一开始还只是感觉合适时进行购买，后来他却一步一步地发展为一个"古董收藏家"，并不能自拔。每到一个地方，他都能搜集到各种廉价的物品。于是，从各地发来各种各样的"宝物"都运到了他将来的寓所中。

巴尔扎克只是一味地买下一堆堆的物品，却不在意是否有真正的价值。他也不断向德·韩斯卡夫人写信，随时报告自己收藏的进展。德·韩斯卡夫人不满意他这种行为了，她警告他谨慎些，但他满不在乎，并用大量的详细计算说明自己是如何省钱的。

但如果知道了巴尔扎克的买卖经过，我们就会发现他的发财梦是多么可笑。有一次，他买到了一套中国"古瓷餐具"，可以供九人使用，他得意地到处宣扬："我买这个只花了三百法郎。同样的一套，大仲马却花了四千法郎，而它真正的价值至少应为六千法郎。"结果，他承认他买到的只是荷兰仿制的中国瓷器，根本不值钱。

巴尔扎克自以为很了解搜集古董这门深奥的学问，但他的行为是那么轻率，因为任何人都不可能像他那样——在三个钟头内买到五六种古董。

在巴尔扎克看来，他所搜集到的东西都是物超所值的，并自信任何人也买不到比这更便宜的东西了。因此，他装饰的屋子，可以让女主人像王后似的生活着，提供贵族所能享受到的一切豪华，这些东西还有保留资本价值的作用。

1843年的一天，巴尔扎克有了自己的大发现。他在一家古董铺中找到一张书桌和一个旧柜子。根据上面的雕刻，巴尔扎克判断，这些典雅的物品可能出自于意大利。

接着，巴尔扎克查阅资料判断这是德·梅迪西·玛利亚王后的写字台和柜子，因为上面刻有她的徽号。但随后他又认定只有那个柜子是属于她的。因为在写字台的上面分明刻着别人的名字，应该是她把自己的柜子送给了别人。巴尔扎克觉得这两件物品非常有意义，而罗佛尔王宫应该主动来收藏。

关于写字台和柜子的很多事情是巴尔扎克发挥自己的想象形成的。但这也很快使他的发现增加了价值，巴尔扎克欲求获利的想象中总是一腔热情，虽然这两件家具花费了他一千三百五十法郎，但现在他觉得这只柜子就值四千法郎，可以把它卖给属于国王的桑梅拉尔博物馆，自己留下写字台。

巴尔扎克开始宣传了，他想利用报纸的广告力量，于是就在

《消息报》上登载了一段小广告，在里面，他称自己不仅是"最伟大、著名的文学家"，而且是"一个顶尖的鉴赏大家"，他极力吹嘘这个家具是"最完美的艺术品"，具有极高的艺术鉴赏价值和收藏价值。他希望通过这个广告，吸引很多人来高价竞买。

遗憾的是，国王并没有注意到这个曾属于法兰西著名王后的"最完美的艺术品"。最后，来看货的是几个受了广告诱惑的商人。但那些欣赏家对柜子的赞叹渐渐冷淡了，三个月过去了，买卖还没有成交，人们都意识到巴尔扎克的判断失误了。但巴尔扎克坚持自己的想法，他不但不降低价格，反而把价钱提高到了六万法郎。

时间又过去了一个月，巴尔扎克的家具还是无人问津。巴尔扎克对此并不气馁。他又为这两件家具酝酿出了一个推销计划，计划为它们制造一张雕版，并在《家庭博物院》杂志上登载。在他的预想中，这个杂志可以给他五百法郎购买雕版的版权，那样的话，购买这柜子和写字台时的花费就可以收回来了。

春天过去了，夏天又过去了，这家杂志并没有让巴尔扎克如愿，没有印出这雕版，而且再也没有人来他家里欣赏这两件家具了。最后，巴尔扎克想与荷兰国王进行交易，并在忧愤之中，说出了一个让人吃惊而贻笑大方的价格：七万法郎！

当然，荷兰国王也没有让巴尔扎克如愿。直到他去世，他也没能处理掉它们。不过值得庆幸的是，已经去世的他不知道后来拍卖这两件东西的实际价格是怎样的可怜。

2. 奢华的家

在巴尔扎克还没有自己房子的时候，就购置了大量的家具，以至于他租住的房子内堆满了家具和瓷器、篮子和柜子。这些东西虽然不是很值钱，但巴尔扎克十分珍惜，为了瞒过债权人的眼睛，躲避公债人的追逐，他觉得有必要用德·韩斯卡夫人的名义买一座房子了。

巴尔扎克想如果自己将来和爱人在巴黎生活，每年需要开支四万法郎，这在他看来已经是开销最低的"十分简朴的生活"了。

买房计划正式实施了。在巴尔扎克的计划中，买房子不能仅是找一个居住的场所，最好还能做成一笔好买卖。一开始，巴尔扎克还能小规模地进行着自己的计划。

很快他就开始到处物色房子了，他对任何有可能成为好买卖的房子都感兴趣。他发现在巴土的一所房子，花费了六万法郎。因为巴尔扎克估计房子价值十万法郎，还听说在这所房子的附近要修筑一条新路，政府还要购买土地，会给一万法郎的补偿。

不久，他在蒙巴尔拿斯街又看中了一所房屋，但内部需要进行完全的改造，至少要花费两万法郎。巴尔扎克觉得这笔钱很容易得到，他可以先购买其他基地，然后转售获利。其实，这个办法他当年办印刷厂、铸字所的时候曾经用过，但这种方法并没有发挥真正的效用。

春天到了，巴尔扎克的目光又转移到乡下。在他的想象中，如果他们将来生活在乡下，花销就会很少，又可过着安闲、平静的日子。只要他们的地价涨高，再一转手，他们的口袋中就有数不清的金钱了。

于是，在芜夫利，巴尔扎克发现了一块价值两万或两万五千法郎左右的葡萄园。他觉得只要经营好了，这块葡萄园就满足他们所有的花销。

于是，他开始办理购买事项了。在交涉的过程中，巴尔扎克又觉得自己的这计划太小了，于是在他脑海中又出现了一个设想：既然地产越大价钱就越便宜，要想干真正的一笔大买卖，就应当选择一块大地产。

于是，他又相中了圣葛拉田别宫。这是德·方斯丁先生的产业，他已经宣布破产了，据说德·方斯丁先生为这个别宫花费了三十万法郎，为了周转资金准备以十五万法郎出售。巴尔扎克知道后马上赶了过去，但是德·方斯丁先生并没有让他如意，因为他还没傻到要把自己的别宫这么便宜送人。

巴尔扎克不得不继续物色房子。终于，在1846年秋天，他找到了自己心目中的理想房子，这就是位于幸福街的保庄楼。为了提防债权人，避免自己的收藏被他们搬走，巴尔扎克只是把所有的奢华家具、珍贵的瓷器都搬到新居里面，而自己没有住进去。

其实，这个时候巴尔扎克的经济状况很是拮据。长期的旅居使他的工作几乎中止，可以说断绝了一切收入来源。而且他每行文稿要60生丁的辉煌时光也结束了。为了维持生计，他已经到了贱价出售自己作品的时候了。

但在装修房子的时候，巴尔扎克仍然想要豪华的效果，而且受某种虚荣心和羞愧感的驱使，他没有向别人张口借钱。这房子客厅的墙上挂着一块金色的大马色布，门上嵌着或是镶刻着象牙。一个书架和一块嵌上金甲的家具上就花费了他一万五千法郎。他在楼梯上铺上贵重的地毯，用孔雀石的盆子和中国瓷瓶摆满屋中任何空的地方。

最令巴尔扎克得意的是，他把一间有长方形玻璃顶的屋子布置成了"宽大的画廊"：用金色和白色的油漆装饰墙面，紫檀的橱子里陈列着各种各样的古董，并用十四个雕像组成一个圆形。墙上挂着组成巴尔扎克收藏的66幅名家的图画，不可否认的是，其中有很多是赝品。可以说，在这间屋子里，琳琅满目的假古董和真正的艺术品掺杂在一起。

巴尔扎克很得意地向前来拜访的朋友们介绍着这座满是地毯、铜烛和瓷器的新居。他的一位朋友参观后，肯定地说："哇，朋友，你一定是百万富翁了！"巴尔扎克却摇着头说："不，朋友，我是一个穷人，而且比任何时候都穷。我不是这些奢华的东西的所有人，我只是这公馆的看门人和管理人而已。"

3. 告别艺术

巴尔扎克有两三年的时间一直在忙着购买奢华的家具以及体验恋爱的乐趣，没有集中精力进行创作。他以前说过：一个艺术家是需要时刻磨炼手艺的，不管他离开工作多久，如果想要恢复手艺，都是需要花相当时间的。而现在，这种情况出现在他自己身上，他在寻觅古董的忙碌中，已经忽略写作太久时间了。

这种丢失手艺的效果可以从他的写作中看出来。如小说《柏阿特里克斯》只有前八章有一些文学价值，尽管《夫妻生活的悲剧》里面有一些可读性，包含了一些魔力和机智，但读过他的作品的人都能看到旧作《婚姻生理学》的影子；由德·韩斯卡夫人给他提供素材而创作的《谦虚的米昂》，简直可以说有人是在模仿他而写的，因为里面并没有多少以前他特有的雄健的笔力。

在巴尔扎克这段时期所有的信件中，都没有提到相关的写作计划。他也很清楚自己的变化，知道在放纵自己、享受生活的同时，工作乐趣已找寻不到，手艺也严重损失。当时他曾给德·韩斯卡夫人写信谈到，认为自己的脑筋不灵活了，并对一切都感到厌烦。

同时，巴尔扎克对艺术的兴趣也渐渐失去了，他现在只是为了偿还债务才不得不进行写作。即使这样，有时他还是没耐心进行写作，会突然放弃一切工作，跑到罗马去玩。

回到巴黎后，巴尔扎克的心思稍定，给德·韩斯卡夫人的信中又开始发誓自己将进行"大规模地写作"了。但不久，他写作一部短篇小说的计划就变成两部短篇小说了，并且也不清楚这两篇短篇小说要达到的深度和广度。现在的他只关心创作的小说可以得到多少报酬。

然而没多久，他的野心又突然膨胀了。在他进行草稿写作时，自己发现创作小说的潜能似乎又回来了，巴尔扎克重新感觉到了创造的快乐。这对于广大喜欢他作品的读者来说，实在是一件令人高兴的消息。

而且，巴尔扎克自己的习惯也一直保持着，即在写书稿前便和出版商商定应得的报酬。把这些问题解决后，他才可以全身心地投入到创作中。他的工作状态依旧没变，把黑夜当成白昼，并尽力排除日常生活的烦恼，以避免分散创作的精力。

很快，他就完成一部《寄生虫》，这里面包括了好几本书稿，如《老音乐家》和《蓬斯好好先生》等。这是一部包含整个人心的最简洁的作品。接着他开始准备《贝姨》（又译为《从妹贝特》）的创作，同时又忙于校对《邦斯舅舅》（又译为《从兄蓬斯》），按他的习惯来讲，校对实际上是重写。

《贝姨》和《邦斯舅舅》这两部小说是巴尔扎克用自己的血和汗好不容易完成的，可以说是他最伟大的成就。在从事这些工作时，巴尔扎克身体的疲劳状态让医生大为吃惊和忧愁。医生们都认为一个人的大脑难以承受如此过度的压力，反复告诉他再这样工作的结果是非常害怕的，必是一个惨剧。

面对医生暂时中止"过度地使用大脑"的警告，巴尔扎克也发觉自己身体的异样了，他聊天时反应稍显迟钝，有时候寻找字眼也需要费很大的劲儿。这真是到了必须休息的时候了。他在校正稿子之外的时间，就动身与德·韩斯卡夫人见面，并换换新鲜空气。

巴尔扎克是有资格休息的。《贝姨》和《邦斯舅舅》使他达到了自己的创作巅峰。这是两部不带任何腻人的痴情色彩或虚假的理想主义痕迹的书，经历了长时间的休息后，重新展示了他手艺的老到，思想的深刻以及写法的尖刻。

在这两部书中，巴尔扎克不仅描写了在现实生活中的苦涩，而且也表现了自己对这个世界的真实认识。他没有考虑到去迎合读者的口味，而是站在时代的高度上创造出了绝对的价值，正因为这样，使他达到了伟大的程度。这些小说中的现实主义、原始感情的分析、逼真的感觉是其他法兰西文学难以超越的。

在巴尔扎克的计划中，他将在以后的时间内完成对学术界、外交界、戏剧界和政界的描绘。他在1845年开列了一份书单，里面有五十部作品他未来得及完成。戏剧方面，《梅尔迦特的阴谋家》是一部描写债务人与债权人的剧本，里面的债务人胜过了债权人。这部剧本取得了巨大成功，后来的任何一部都赶不上它的成功。

但是，不论是精神上还是肉体上，巴尔扎克都需要休息了。他感觉到他有必要再一次完全地休息，这也是他的正当权利。于是，他离开巴黎，横跨了四分之一的地球到德·韩斯卡夫人那儿去，体验自己一直梦想中的生活。

4. 消除差异的努力

尽管巴尔扎克在文学上取得了极大的成就，自己的名字前面也有一个贵族身份的"德"，但无论如何，他与德·韩斯卡夫人这样的正宗高级贵族相比，地位差距还是显而易见的。在这方面，巴尔扎克也总是在进行着努力，试图缩小两者之间的差距。

巴尔扎克第一次从维埃曹尼亚告别德·韩斯卡夫人，回到巴黎后，就遇到了困难。其实，每次旅行回到巴黎的巴尔扎克都能听到一些坏消息，当然更多的是关于他债务方面的，因此，他对在踏进家门前听到坏消息已经习惯了，可以说有免疫力了。但这次的坏消息很令他意外，因为不是因为债务，也不是他自己的原因造成的。这就是1848年，法国的二月革命爆发了。

巴尔扎克曾公开发表过有关正统派保王党的意见，但现在随着二月革命的进展，君主政权被推翻了，也就意味着，他从此没有机会投身政治舞台。后来，还想努力的巴尔扎克曾经在3月18日的《宪政报》上发表声明，如果别人要求的话，他将准备当众议院议员的候选人，但遗憾的是，他没有受到正式邀请。

后来，有一个名叫"兄弟会"的政治派别同意把巴尔扎克列入该组织的候选人名单，但也提出了一个要求，那就是巴尔扎克必须坦白自己的政治信仰。对于这个要求，巴尔扎克决定拒绝，因为一向骄傲的他觉得自己的政治信仰无须多说，那些想要选他去议院当代表的人们早已替他总结出来了。

这件事又充分体现出巴尔扎克典型的性格特点，当他在写作时，总能非常清晰地预见到社会将要发生的各种变化，并能翔实地描写出各种变化发生时的社会环境。但是在现实中，一旦遇到政局变动时，巴尔扎克总是站在一个错误的地位上，就像他在所有的经商中的失败一样。

令他失望的事还在后面。虽然巴尔扎克的《继母》在巴黎的历史剧院中得以上演，但由于巴黎还处在政治纠纷的动荡不安之下，这部作品并没有引起特别的关注。而他比较重视的《梅尔迦特》，尽管在法兰西剧院的审查委员会已经通过审查了，但由于动荡的政治局势，演出也不得不延期。

在面对种种困难的时候，他也在争取与德·韩斯卡夫人尽快举行婚礼。但由于德·韩斯卡夫人不断地推辞，婚礼也只能不断延期。

面对众人的询问，巴尔扎克从来不说实话，他常常用各种理由来解释。比如，他写信给沙皇，请求其同意他们的婚事，却遭到拒绝。或者说因为诉讼纠纷，德·韩斯卡夫人无法离开俄罗斯。他还总对别人说德·韩斯卡夫人有严重经济困难，开始说因为她把自己的财产指定送给她的女儿，自己也就掌管不了了，后来又说她的财产受了火灾，烧毁了。

巴尔扎克的目的很明显，就是想在家里人的眼里降低德·韩斯卡夫人与自己之间地位上的差异。

事实上，他们双方的家庭都不同意这桩婚事。德·韩斯卡夫人的姨母带领着亲戚，不断地设法劝阻她与巴尔扎克交往，在他们看来，如果和那个不可信的败家子作家结婚，只会让她丧失掉所有的财产。

老巴尔扎克夫人虽然在巴尔扎克的请求下，帮他照看新居，但她很清楚地知道在保庄楼是没有她的地位的，她最后会像一粒尘土一样被扫地出门。德·韩斯卡夫人更是没有注意到她的存在，也从未写过一行字，以表示问候以及感谢她的操劳。所以，她和女儿都认为德·韩斯卡夫人只是一个冷酷自私的、傲慢的贵妇，只考虑把他留在身边，让他在半个欧洲进行奔波，却不考虑他的健康状况。

巴尔扎克几个月来所希望的就是，在房子准备好之后，德·韩斯卡夫人会有一个急速的转变，能来到巴黎的新居，和他结婚。但这种希望被德·韩斯卡夫人无意于结合的想法羁绊，所以巴尔扎克想再次去俄罗斯，再次劝说他的情妇同意结婚，并在寒冷的冬天到来之前动身返回，以避免受到寒冷的刺激。

而就在出发前，法兰西研究院宣布有了两个空席位，将进行竞选。巴尔扎克又想去碰碰运气，如果能成为研究院的评议员，那样他的地位也会有所提升，有利于减少与德·韩斯卡夫人之间的差距。

但是按照惯例，想要竞选的人必须逐家地拜访其他评议员，以求得到他们的支持，但他没有时间去进行这项拉票活动了，因为他在冬天以前必须去见他的情妇，只能顺其自然了。

结果可想而知，巴尔扎克只得到了两张支持票。巴尔扎克平静地接受了这次挫败。他只让朋友去调查支持自己的两个人，好登门表示感谢。

5. 消失的健康

巴尔扎克在写作的时候会忘记周围的一切，那种对写作的热情驱使他可以三四天不出屋子只是趴在桌子上，那种不顾一切的写作状态，使他成为一只写作的陀螺、一台写作的机器。

但人毕竟不是机器，相对于巴尔扎克不可战胜的意志力来说，体力是有限的，而且也不能无限度地消耗，这台机器也会出现抛锚的时候。每到这时候就该咖啡出场了，因为对于巴尔扎克来说，咖啡就是让他重新运转的润滑油。

不管是工作还是休息，巴尔扎克都离不开咖啡，在他看来，咖啡比吃饭还重要呢。他认为纸烟不能充分刺激他，使他在工作时保持最好、最强的状态，而且纸烟对人的脑子有害。他高声赞美咖啡，觉得咖啡能推动一切，能使整个人的意识像"大军"的行阵一样列队前行，把稿纸上铺满墨水。

没有咖啡，巴尔扎克便不能工作，至少不能保持他自己所需要的工作状态。旅行中，巴尔扎克随身携带的物品中，烹制咖啡的用具就是必备品。他还有一个习惯，不允许任何人来给自己准备咖啡，因为没有人能把这种刺激性的咖啡调制得如此浓黑强劲。

同时，巴尔扎克制作咖啡也有一种特殊的方法。他喝的这种咖啡包含三种不同的豆类，要想买全，需要浪费巴尔扎克半天的时间，但对于喜欢咖啡的巴尔扎克来讲，这点麻烦不值一提。

俗话说，是药三分毒，咖啡也一样。长期饮用咖啡，就会对其产生一种免疫力，如果想使咖啡的刺激作用不减退，必须不断地加大量，所以巴尔扎克不得不饮用着越来越多的咖啡。他自己也感慨自己喝了过多的咖啡，甚至说其中的一本书，喝了几乎"成了河的黑咖啡"才完成的。

就这样，他的健康也慢慢遭到破坏了。当一棵树的树干还强壮有力而且结果实的时候，叶子每年都可以重新长出来；但如果树干慢慢地被虫子咬噬了，叶子消失，树也就失去了活力。巴尔扎克的身体也发生了这种变化，他多次怨叹精力不足，在1844年4月的一封信中写道：

"我经常感觉浑身无力，几乎陷入了一种昏睡不醒的泥潭中。意志也无法指挥我的体力了。它要求休息。咖啡也不再能刺激它。我喝了许多许多咖啡，希望刺激它为我完成写作，但是跟喝水一样，任何效果也没有产生。"

巴尔扎克由于过度喝咖啡而得了胃病，他的神经系统也进入了一个痛苦的阶段，脸部肌肉一阵阵痉挛抽动，眼神经也不停地抽搐，还不断地头痛。大脑也因为使用过度而出现问题了，似乎再也应付不了这无尽的要求了。现在，他最需要的就是休息。但是他不能，现实的压力使他不得不继续紧绷着神经坚持着。

在巴尔扎克第二次去维埃曹尼亚的时候，德·韩斯卡夫人对他的态度使他越来越焦虑；俄罗斯寒冷的冬季，再次使他的身体状况恶化：他的心脏出了问题。后来他终于起床活动了，但他无法自由行动了，甚至说话都感觉吃力，一步一喘气，他现在变得像婴儿一样弱不禁风了，也不可能再坐在桌边去写作了。

巴尔扎克无法在俄罗斯的冬季回到巴黎了。所有进行的治疗只能是缓解一下他的痛苦，因为身体的很多器官都有损坏，他的体温高了起来，他的眼睛又生了毛病，肺炎又复发了。

巴尔扎克不能再用笑话来取悦德·韩斯卡夫人了，他成了一个累赘。喜欢游玩的德·韩斯卡夫人及女儿由于巴尔扎克的病，推迟了她们的旅游计划，虽然道路难走也是一部分原因，病床上的巴尔扎克唯一的欢乐就是欣赏她们穿上新的衣服来炫耀美丽。

巴尔扎克在维埃曹尼亚感觉到孤独了，在这样的一个异国环境中，身边那些只求自己快乐的女人们让他感到孤单而凄凉，也可能是察觉到自己病情的严重，以前的老朋友们纷纷出现在脑海中，病中的巴尔扎克更感失落，更想尽快回到巴黎。

6. 艰苦的旅行

在与德·韩斯卡夫人结束长达十八年的马拉松恋爱，最终结婚后，巴尔扎克的头脑中只有一个想法——尽快回到巴黎，与亲人、朋友见面。但由于道路积雪很深，交通断绝，他们无法动身前往巴黎。其实，即使道路畅通，巴尔扎克的身体也经不起长途旅行了。他给母亲写信，说自己的健康状况很糟，肺炎和心脏病复发，并且很严重了，眼前总是黑乎乎的，使他几乎无法拿笔。

此时的巴尔扎克虽然已经结婚了，但他还没能说服出身高贵的妻子对自己的母亲表示礼貌，也就不敢在信上加上一点妻子对家人的问候。他不得不找各种理由来替自己的妻子解释，说妻子的手因湿气而肿得厉害。两个星期之后，他又自己挣扎着写信给他母亲，说妻子"写字的时候根本难以辨别字母"，实在难以提笔。

最后，他们终于决定出发回巴黎了。这是一场十分艰苦的旅行，对于巴尔扎克来说尤其艰难。刚过波兰国境，巴尔扎克的身体就疲惫不堪了。他一步一喘，大汗淋淋，吃不下去东西，气力就越来越弱了。在那里见到的老朋友几乎无法认出他了。

他们用了整整一个月时间才到达德勒斯登，而平时这段路程只需要六天。巴尔扎克的生命也不只是一次遇到危险。因为道路泥泞难行，他们经常需要十五六个人来帮助，把一直埋到车窗的泥坑中的马车拉出来。这样的旅行让人疲劳又提心吊胆，对于身体状况极差的巴尔扎克来说，更是充满危险，他的病急剧恶化了。

此时的巴尔扎克双目已接近失明，但还得亲自给家人写信，并继续替他的妻子解释没有亲自写信的原因。

事实上，巴尔扎克夫人的"风湿病"并没有给她本人带来丝毫痛苦，因为她仍然可以去德勒斯登的珠宝店，挑选价值两万五千法郎的珠宝项链，回到旅馆，马上用"肿胀的"手指写信给她的女儿，详细叙述购买珠宝的愉快经历，而且笔迹清晰而圆润。看到这封信，谁也不会相信这是出自一个病人之手的。

当巴尔扎克在旅馆的床上无法动身时，新婚妻子的全部精力只是用在珠宝项链上，对他的无情和冷落是那么明显。在信中，她称巴尔扎克为"这位亲爱的朋友"，说明新婚的丈夫是她一直在忍受着的负担，而且她知道这位朋友不会再麻烦她多长时间了。

巴尔扎克十分担心妻子和母亲碰面时的情景，他一再指示自己的妹妹，务必设法让母亲知道他们到来之时，她不能留在新居，并解释说："假如母亲在场，帮助我们提行李时，她的自尊必定会受到损伤的。"

几个月来，巴尔扎克的母亲一直在儿子的家中看守着他的财宝，照顾家里的一切事务。但老妇人明白，没见过面的高贵儿媳是不想看到她的。所以，一旦安排好迎接这对新婚夫妇的一切后，她关上身后的门就必须离开了。按照吩咐，仆人弗兰苏在主人到达前应点亮所有房间的灯火，然后站在门后等待，引导他的主人们进入新居。

旅行的最后一段路程需要坐火车，但这段路走得还是不顺利的，因为火车误点了，他们的马车最后只能在深夜时分赶到家门口。巴尔扎克急于察看弗兰苏是否按照他的指示安排妥当灯火和花朵，而弗兰苏是否站在门口，手中拿着一个分枝的烛台。

事实上，巴尔扎克的确是看到弗兰苏使所有房间的灯都亮了，但门口没有人。巴尔扎克多次地拉铃，仍旧没人来开门。听到动静的邻居们也赶过来了，却没人能告诉巴尔扎克发生了什么事情。而他的妻子对外面的事情毫不理会，仍然端坐在马车里。车夫急忙找来了锁匠，房门终于打开了，巴尔扎克看到了一幕惨象——他的仆人弗兰苏藏在一间房子里，疯了。

午夜时分，发疯的弗兰苏被人送进疯人院，这个时候，巴尔扎克正引导着他的新娘下车，并跨进了他为她费尽心力准备的王宫。

第十章 逝去

1. 病人膏肓

　　巴尔扎克的梦想在他自己的生活中是不能成为现实了，他的身体状况已经非常糟糕了。

　　他那所付出巨大心血准备和最终屈服于他的妻子共度剩余"二十五年"的房子，在主人搬进去后只是见证了主人的死亡。他为自己准备了一间完美的书房，却一天也没有使用过，更别提完成《人间喜剧》另外50部书的伟大计划了。他双目完全失明，从这里寄出的唯一信件也是他妻子的笔迹，信后只有巴尔扎克潦草地写着让收信人心里难受一句话："我已经不能阅读或写字了。"

　　在那间美丽的图书室里，巴尔扎克没有坐在椅子上翻开过一本书；在那挂有金色的大马色布的客厅，巴尔扎克没来得及招待过一次客人。他想把自己搜集到的收藏、可爱的画廊以及自己的藏书能一件件地向作家们、艺术家们或朋友们展示，可是当有人来时，他只能静静地躺在床上了。

　　这座巴尔扎克精心布置的王宫变成了关押他的"监狱"。他再也没有从这里走出去，只是一个人孤单地躺在大房子中。新婚的妻子在巴黎也很忙碌，不是去巴黎的珠宝店，就是缝纫店，整天流连于其中。对于巴尔扎克的病情，她漠不关心，因为即将到来的死亡早已是预料中的事，对她而言，既没有悲伤，也没有忧愁。

　　她在写给女儿的家书中只是快乐天真地闲谈着珠宝、花边或衣服，即使巴尔扎克已经病入膏肓了，她还用他拿笑话来取悦她一家人时人家给他加上的绰号来称呼他："'玩意儿'到达这里的时候比任何时候身体都要糟糕，他已经不能走路，只能发出衰弱的痉挛了。"

来探望巴尔扎克的人们都有一种预感：巴尔扎克的时间不多了。但他本人在很长一段时间里拒绝相信，天生乐观的他现在积极配合医生的治疗，并坚信自己的病能够复原。因为他对于困难一直是持嘲笑的态度的，并努力让不可能变成可能。

巴尔扎克也努力地让别人相信自己将会恢复健康。只要嗓音略有好转，他便聚集日益衰减的全部力量，兴致勃勃地与来访的客人聊天，表示自己很快就能下床走路，他用说服自己的意志尽量去说服别人，让别人相信他还有足够的精力、精神的火焰在他的身上随时都有可能迸发出来。

但是，巴尔扎克的乐观精神并没有阻止他的病情，四个主治医生很快公布了他们的联合诊断书。报告书详细说明他们对巴尔扎克的病已经无能为力了，现在能做的只是偶尔给他加一点轻微的麻醉剂，设法缓解他的痛苦。

巴尔扎克自己也开始发愁了，他意识到事情的严重性了。因此，他想知道自己到底还能活多久，因为他还有很多的写作计划没有完成，尤其是《人间喜剧》。于是，他开始追问医生，尽管医生对时间的回答含糊其辞，但还是委婉地劝他尽快写遗嘱。

巴尔扎克真正地感到悲哀了。他为不能完成《人间喜剧》而悲痛，又预测到自己死后那些著作将会发生的情况。他开始恳求医生了，恳求医生尽量延长自己的生命，那样他就能再写出一部作品。

巴尔扎克开始不时地陷入昏迷了，但他的嘴里不断呼喊自己笔下的人物"高里奥、葛朗台……"据说他不停地呼唤毕安仓·霍拉斯的名字，希望他能创造奇迹，使自己得到拯救，曾说："假如毕安仓在这儿的话，他一定会救我的！"

2. 孤独地离去

　　早在一个月前，巴尔扎克不小心撞在一个家具上，那突出的修饰物让他的左腿受伤了。全身器官的衰退使伤口无法愈合，并很快溃烂，长了蛆。严重的水肿使他的心脏、肌肉和皮肤都变成了脂肪，大夫们再也没有办法钻孔放水了。

　　1850年8月17日，深受痛苦折磨的躺在病床上的巴尔扎克只能等待死亡的来临了。

　　从上午9点开始，巴尔扎克再也没有说过一句话。他的妻子知道他即将死亡了，按照程序，派人去请了位牧师，要给他举行临终的涂油仪式了。他只是点点头，表示知道了。直到去世，他的妻子在病床前再也没有出现。据说，她在自己的房间里，忙着与她的情人、雕刻家让·吉古幽会。

　　新婚的妻子没在巴尔扎克的房间陪伴，这个情况是被晚上来探望巴尔扎克的大作家雨果证实的。在他来到巴尔扎克的卧室时，只看到巴尔扎克的母亲、一个护士和一个仆人站在床的两边。在床上躺着的巴尔扎克头向右边斜着，脸上呈现出紫色，甚至可以说是黑色。他没有刮胡须，头发是灰色的，并剃短了。他睁眼凝视着，其实他早已什么都看不到了。

　　雨果被告知，从前天开始，大夫们就不再管巴尔扎克了，因为治疗对他已经毫无用处了。巴尔扎克今天只是向他的妹妹德·苏维尔夫人伸出了手，就再也没有动静了。现在他的喉咙发出急促的响声，那急切的临死的声响让在旁边站立着的护士和仆人都表现出一种惊恐的表情。

护士对雨果说："他坚持不了多久了，天一亮就会死去。"病床上不断飘来强烈的难闻气味，雨果翻开被窝，伤心地抓住了巴尔扎克的手。他发现巴尔扎克的手上都是汗珠。他紧紧地握住巴尔扎克的手，但巴尔扎克对此已经毫无反应。

1850年8月18日晚上11点半，巴尔扎克的眼睛永远地闭上了，结束了他苦难多多的一生。弥留之夜，他苦苦追求了十八年的妻子却在另一个房间跟情人吉古同床共枕，只有他一辈子心有余悸的母亲是唯一在场的人。可以说，他的死是很凄凉、很孤单的。

据吉古回忆，当时的巴尔扎克夫人知道巴尔扎克去世后，只是略有烦躁，丝毫没有悲伤和内疚的表现。而在第二天，巴尔扎克夫人又完全换了另一种表现，她看起来是那么严肃、高尚、痛苦不已。她表现出来的悲戚感动了所有的人，大家都来安慰她。最富戏剧性的是，她的表演十分真诚，让那些了解实际情况的人都感到难以置信！

3. 葬礼

巴尔扎克去世的消息传出来，巴黎震惊，法国震惊，世界震惊。

他的身后事开始忙碌地准备了。巴尔扎克的画像，在去世的那天就画好了。因为天气炎热以及身体状况的影响，他的家人想替他制造面模的想法没能实现。遗体腐烂得太快了。死后的第二天一大早，前来制作面模的工人就看见巴尔扎克的脸庞已经走了样，他的鼻子塌到面颊上去，无法再做面模了。于是，人们不得不把他放进一副包铅皮的橡木棺材里面。

随后，巴尔扎克的棺材被抬到了博永小教堂。在巴尔扎克精心准备的王宫中，楼梯上有扇门就直接是开向教堂的。他曾想过，只要转动钥匙，他就可以到教堂去做弥撒了。可惜自从他入住新居，从来没有通过这扇门去教堂，只能是他的遗体从这扇门通过了。

1850年8月22日，巴尔扎克的纪念仪式在圣菲力普·德·罗尔礼拜堂举行。内政部长巴洛兹参加了葬礼。他在巴尔扎克的灵台前对雨果说："这是一个杰出的人。"雨果回复道："这是一个天才。"

从选择执绋的人就可以看出，巴尔扎克的妻子根本不了解他的内心，因为所选的四个人中，只有雨果与巴尔扎克有较深厚的友谊，其他三个人——亚历山大·仲马、巴洛兹部长和圣提·柏夫与巴尔扎克没有任何亲切的友谊，尤其是圣提·柏夫，他曾是巴尔扎克最讨厌的敌人，也是他所真正怀恨的唯一敌人。

按照巴尔扎克的意愿，墓地选在他最喜欢的地方拉歇斯神父公墓。这里也是他的小说中的人物——拉斯迪额窥探都城、向巴黎挑战的地方，这里成了巴尔扎克唯一可以躲避债权人，寻找安息的最后归宿。

他的遗体在雨中被送往墓地。在这么一个日子，天仿佛也伤心难过了，掉下几滴眼泪。巴黎很多喜欢巴尔扎克的读者都来给他送行了，也有很多是从外地赶来的。送葬的行列绵延了几个街道，他们穿过巴黎的马路，直奔拉歇斯神父公墓。出发的时候和到公墓的时候，雨一直没有停。

在拥挤的人群中，雨果走在棺材前头右边，大仲马走在棺材前头左边，他们手中各执灵幔的一只银球。墓穴选在小山的最高头，在崎岖狭窄的小道上，拥挤的人群中不时发生跌撞事件，危险状况不断。马匹登山时更是很不容易，因为下雨路滑，柩车在马匹的努力牵引下艰难行进。

送葬的队伍终于徒步走了全部路程，到达了已经为巴尔扎克准备好的墓穴。雨悄悄地停了。巴尔扎克的棺材被放进了坟穴中。在拥挤的人群前，神父做了最后的祷告，接着雨果宣读了他的悼词。

在雨果宣读悼词的时候，天放晴了，刚刚露脸的太阳正在沉落，远远可以看到出现在雾霭中的整个巴黎。而在人们的脚下，泥土不时地滑落到墓穴中，落在棺材上面的泥块的暗哑的声响也在时不时地敲打着人们的内心：一个伟大的作家真的就这样永远地走了。

4. 巴尔扎克葬词（雨果）

各位先生：

现在被葬人坟墓的这个人，举国哀悼他。对我们来说，一切虚构都消失了。从今以后，众目仰望的将不是统治者，而是思想家。一位思想家不存在了，举国为之震惊，今天，人民哀悼一位天才之死，国家哀悼一位天才之死。

诸位先生，巴尔扎克这个名字将长留于我们这一时代，也将流转于后世的光辉业绩之中。巴尔扎克先生属于19世纪拿破仑之后的强有力的作家之列，正如17世纪一群显赫的作家涌现在黎塞留之后一样——就像文明发展中，出现了一种规律，促使武力统治者之后出现精神统治者一样。

在最伟大的人物中间，巴尔扎克是名列前茅者；在最优秀的人物中间，巴尔扎克是佼佼者之一。他才华卓著，至善至美，但他的成就不是眼下说得尽的。他的所有作品仅仅形成了一部书，一部有生命的、光亮的、深刻的书，我们在这里看见我们的整个现代文明的走向，带着我们说不清楚的、同现实打成一片的惊惶与恐怖。一部了不起的书，他题作"喜剧"，其实就是题作"历史"也没有什么，这里有一切的形式和一切的风格，超过塔西陀，上溯到苏埃通，越过博马舍，直达拉伯雷；一部既是观察又是想象的书，这里有大量的真实、亲切、家常、琐碎、粗鄙。但是有时通过突然撕破表面、充分揭示形形色色的现实，让人马上看到最阴沉和最悲壮的理想。

愿意也罢，不愿意也罢，同意也罢，不同意也罢，这部庞大而又奇特的作品的作者，不自觉地加入了革命作家的强大行列。巴尔扎克笔直地奔向目标，抓住了现代社会进行肉搏。他从各方面揪过来一些东西，有虚像，有希望，有呼喊，有假面具。他发掘内心，解剖激情。他探索人、灵魂、心、脏腑、头脑和各个人的深渊，巴尔扎克由于他自由的天赋和强壮的本性，由于他具有我们时代的聪明才智，身经革命，更看出了什么是人类的末日，也更了解什么是无意，于是面带微笑，泰然自若，进行了令人生畏的研究，但仍然游刃有余。他的这种研究不像莫里哀那样陷入忧郁，也不像卢梭那样愤世嫉俗。

这就是他在我们中间的工作。这就是他给我们留下来的作品，崇高而又扎实的作品，金刚岩层堆积起来的雄伟的纪念碑！从今以后，他的声名在作品的顶尖熠熠发光。伟人们为自己建造了底座，未来负起安放雕像的责任。

他的去世惊呆了巴黎。他回到法兰西有几个月了。他觉得自己不久于人世，希望再看一眼他的祖国，就像一个人出门远行之前，再来拥抱一下自己的母亲一样。

他的一生是短促的，然而也是饱满的，作品比岁月还多。

唉！这位惊人的、不知疲倦的作家，这位哲学家，这位思想家，这位诗人，这位天才，在同我们一起旅居在这世上的期间，经历了充满风暴和斗争的生活，这是一切伟大人物的共同命运。今天，他安息了。他走出了冲突与仇恨。在他进入坟墓的这一天，他同时也步入了荣誉的宫殿。从今以后，他将和祖国的星星一起，熠熠闪耀于我们上空的云层之上。

站在这里的诸位先生，你们心里不羡慕他吗？

各位先生，面对着这样一种损失，不管我们怎样悲痛，就忍受一下这样的重大打击吧。打击再伤心，再严重，也先接受下来再说吧。在我们这样一个时代里，一个伟人的逝世，不时地使那些疑虑重重受怀疑论折磨的人对宗教产生动摇。这也许是一桩好事，这也许是必要的。上天在让人民面对崇高的奥秘，并对死亡加以思考的时候，知道自己做的是什么；死亡是伟大的平等，也是伟大的自由。

上天知道自己做的是什么，因为这是最高的教训。当一个崇高的英灵庄严地走进另一世界的时候，当一个人张开他的有目共睹的天才的翅膀，久久飞翔在群众的上空，忽而展开另外的看不见的翅膀，消失在未知之乡的时候，我们的心中只能充满严肃和诚挚。

不，那不是未知之乡！我在另一个沉痛的场合已经说过，现在我还要不胜其烦地说——这不是黑夜，而是光明！这不是结束，而是开始！这不是虚无，而是永恒！我说的难道不是真话吗，听我说话的诸位先生？这样的坟墓，就是不朽的明证！面对某些鼎鼎大名的与世长辞的人物，人们更清晰地感到这个睿智的人的神圣使命，他经历人世是为了受苦和净化，大家称他为大丈夫，而且心想，生前凡是天才的人，死后就不可能不化作灵魂！

5. 巴尔扎克像

巴尔扎克生前，评论界对他的褒贬就一直存在分歧。逝世后，巴尔扎克这个名字并没有逐渐被人遗忘，相反，随着他作品的广泛流传，他的名望也越来越大。

1883年，巴尔扎克对法国文学发展做出了极大的贡献，他注重保护并为文学创作者的权利积极呼吁而奔走，并主张促成了文学家协会的建立。1883年，法国文学家协会为感谢并纪念巴尔扎克对法国文学所做出的贡献，也为感谢他为保护文学创作者的权利和为促成建立文学家协会所做出的积极努力，决定出资为他雕刻一尊纪念像。事情按计划在进行，但遗憾的是，接受任务的第一位雕刻家因病突然离世，雕刻任务因而搁浅，未能完成任务。

同一年，当时的法国文学家协会主席左拉找到了著名雕刻家罗丹，在他的推荐下，罗丹接受了雕刻巴尔扎克像的任务。

　　罗丹在十岁时，巴尔扎克就已去世。但他非常敬仰巴尔扎克和他的巨著集《人间喜剧》，虽然知道与官方合作是很麻烦的，也知道如果自己按照巴尔扎克的真实面目去雕塑，他们永远也不会接受。但是，他还是接下了雕塑任务，并表示要做"一番非同寻常的事业"。

　　为创造出一个最真实而又具有艺术性的巴尔扎克像，罗丹做了许多准备工作。为了搜集资料，他去巴尔扎克的出生地进行考察，在那里一待就是一个月。他派助手跑遍巴黎，找到许多和巴尔扎克形象近似相似的模特儿，据此做出了十七个十英尺高的巴尔扎克像，但最终没有一个让他感到满意。

　　文学家协会预定的十八个月交货期限到了，但对待自己的创作极其认真严肃的罗丹，不愿草率交货，只能是一拖再拖。最后，文学家协会不满意了，要求罗丹赔偿损失，并退还预支的一万法郎雕塑费用。

　　后来由于左拉和诗人马拉美的斡旋，文学家协会又给了罗丹十八个月时间。在此期间，罗丹又重塑了好几个巴尔扎克像，但他自认为尚未达到艺术的完满，因此仍拒不交货。

　　后来，文学家协会决定向法院控告罗丹，支持罗丹的六名协会会员宣布退出协会。"巴尔扎克事件"登上了当时巴黎所有报纸的头条。著名的作家左拉、画家莫奈、诗人马拉美等人在报纸上向文学家协会提出抗议书。迫于公众的压力，文学家协会收回了对罗丹的控告，在艺术上精益求精的罗丹也被劝说做了相应的让步，答应一定会在1898年沙龙展览会前完成巴尔扎克像，并展出。

卡缪（著名的女雕塑家）是罗丹的学生和助手，她在巴尔扎克的出生地找到了一个身材酷似巴尔扎克的人，并领他去见罗丹。罗丹看到这个模特后也很满意，马上叫裁缝给他做了一身衣服和一件长袍。

在沙龙展览会的前几个星期，罗丹完成了一座穿着长裤和背心的新巴尔扎克像，请卡缪来审查。卡缪看后，提出了自己的意见，认为这种样子的巴尔扎克没有表现力，不如就让巴尔扎克穿上他在晚上写作和睡觉时最喜欢穿的长袍。罗丹接受了这个建议，当即将这个巴尔扎克像毁掉了。

在接下来的几个星期里，罗丹凭着自己几年来对巴尔扎克从精神到气质到肉体状态的熟悉，凭着洋溢的灵感，以惊人的速度塑出了一座巴尔扎克像，这座像比真人整整大一倍。因为预支的费用早已用完，罗丹未能按照要求把它铸成铜像，而是制成了石膏像。

一天晚上，他又一次召集了助手们来欣赏刚完成的巴尔扎克像。在众人的赞叹声中，一个名叫布德尔的助手久久地盯着巴尔扎克的手，提出了自己的意见：这双手塑造得过于生动、过于有力了……听到此言的罗丹也陷入了深思，脸上呈现了失望的表情。突然，他举起了斧头，毫不犹豫地把这双手砍掉了。尽管它们花费了罗丹很多心血，非常出色，但是它们相对于整个塑像是喧宾夺主了。

在1898年沙龙展览会上，人们终于看到了巴尔扎克像：他穿着长袍，扬着那雄狮般的头发，两只套在长袖里的臂膀下垂着，没有手。加上雕塑手法的毫无修饰、塑像表面不是光滑圆润而是坑凹粗陋的形态，更增加了人物的粗俗旷达之气。

展览会上一片哗然。巴尔扎克，这位举世闻名的大文豪，竟被塑得如此粗俗、难看、坑洼不平，和很多人想象中的相差甚远，于是出现了很多谩骂之声。有人说它是"印象主义"，是怪异的、病态的表现，脱离现实的人体的塑造。尖刻的批评者甚至把这尊雕像说成是"麻袋里装着的癞蛤蟆"。

文学家协会也拒绝接受巴尔扎克像，巴黎市政厅也表态了，不允许在市内任何地方放置它。许多支持罗丹的艺术家抗议此决定，并成立了一个委员会，准备筹集三万法郎捐款，买下罗丹的巴尔扎克像，以示支持。

面对众人的好意，罗丹拒绝接受，因为这座塑像是自己最成功的作品之一，他说："我的巴尔扎克像，他的动态和模样使人联想到他的生活、思想和社会环境，他与社会生活是不可分离的，他是个真实的活生生的人。"于是他把一万法郎的预付费（连同利息）退还给了文学家协会，并把巴尔扎克像拉到巴黎附近的农村，放到自己别墅的花园里。

就这样，这座雕像就一直伫立在罗丹的花园中，静静地陪伴罗丹度过了生命中最后的时间。直到1939年，罗丹去世已经二十二年的时候，法国政府终于解除了禁令，把这尊巴尔扎克雕像耸立在巴黎街头。

因为有了罗丹，人们透过这座带有艺术性的粗俗意味的雕像，看到了巴尔扎克在披着睡衣工作之余徘徊的情景，更能从他那疲倦的眼神、紧闭的嘴唇、蓬松的头发，体会到作家内心深处澎湃的创作思潮——这才是我们需要真正了解和寻找的巴尔扎克。

附 录

巴尔扎克生平

奥诺雷·德·巴尔扎克（1799－1850），法国19世纪伟大的批判现实主义作家，欧洲批判现实主义文学的奠基人和杰出代表，法国现实主义文学成就最高者之一。一些评论家认为他仅次于莎士比亚，擅长塑造被贪婪、仇恨、野心等强烈情感所控制的人物。

1799年5月20日，巴尔扎克生于法国中部的图尔城。十五岁随父母迁居巴黎。十七岁入法科学校就读，课余曾先后在律师事务所和公证人事务所当差，同时旁听巴黎大学的文学讲座，获文学学士衔。二十岁开始从事文学创作，以笔名发表过许多不成功的剧本和小说。

为维持生计，1825－1828年期间先后从事出版业和印刷业，皆告失败，负债累累。经过探索和磨炼，巴尔扎克走上现实主义文学创作道路。1829年出版的长篇小说《朱安党人》，初步奠定了他在文学界的地位。1831年发表的长篇小说《驴皮记》为他赢得声誉，成为法国最负盛名的作家之一。

他早有把自己的作品联系成一个有机整体的设想。1841年，他在但丁《神曲》的启示下，正式把自己作品的总名定为《人间喜剧》，共完成九十一部小说，写了两千四百多个人物，充分展示了19世纪上半叶法国的社会生活，是人类文学史上罕见的丰碑，被称为法国社会的"百科全书"。

巴尔扎克年表

1799年5月20日，奥诺雷·巴尔扎克诞生于一个在革命中发迹起来的中产阶级家庭里。

1803年4月，巴尔扎克被送进图尔的列盖公寓寄宿，他在那里待到1807年。

1807年6月22日，巴尔扎克被送到旺多姆市的教会学校寄读，他在那里学习到1813年。

1814年3月，反法联盟进入巴黎，拿破仑退位，路易十八登基，波旁王朝复辟。年底，巴尔扎克父亲到巴黎任职，全家随同前往。巴尔扎克被送进以信奉天主教和君主制而著名的黎毕德寄宿学校。

1815年6月，拿破仑"百日"政变失败，波旁王朝第二次复辟。

1816年11月，巴尔扎克进入法科学校学习，其后两年里，他还同时在律师事务所见习。

1819年4月，巴尔扎克从法科学校毕业，他宣布要改行从事文学创作。父母被迫同意给他两年试验期。不久，他开始写作诗体悲剧《克伦威尔》。

1820年4月，巴尔扎克完成诗体悲剧《克伦威尔》。5月，在家朗读，受到非难。8月，为了争取经济独立，开始转入流行小说写作。

1824年2月，巴尔扎克匿名出版小册子《论嫡长继承权》，维护封建继承权。

1825年，巴尔扎克从事出版业，其后几年中，他又办过印刷厂、铸字厂等，都没有成功，反使他负债累累。

1828年初，巴尔扎克与维克多·雨果结识。

1829年3月，巴尔扎克的长篇小说《朱安党人》发表。这是他第一部成熟的作品。同一年，巴尔扎克还发表了《婚姻生理学》《苏城舞会》等作品。

1830年1月，巴尔扎克写作中篇小说《高利贷者》。发表短篇小说《刽子手》。

1830年2月，巴尔扎克观看雨果的戏剧《欧那尼》在法兰西喜剧院的首次演出，后曾撰写评论。

4月，《私人生活场景》两卷集出版，其中收入《贵族复仇》《高利贷者》《夫唱妇随》等中短篇。

5月，发表长篇《关于卡特琳娜·德·梅底西斯》的第三部《两个梦想》和短篇《永别》。

10月，发表短篇小说《长寿药水》。

11月，发表短篇小说《萨拉金》。

12月，发表短篇小说《沙漠里的爱情》。

1831年5月，发表中篇小说《流亡者》。

8月，发表短篇小说《不可知的杰作》《红色旅馆》；随笔《一年两遇》；长篇小说《驴皮记》。

9月，《长篇和中篇哲理小说》出版，收入这套书中的有《驴皮记》《萨拉金》《该死的儿子》、《刽子手》《长寿药水》《不可知的杰作》《一个女人的侧影》《富兰德斯的耶稣基督》等。

12月，发表中篇小说《戈尔涅里乌斯老板》。随笔《罪行和善行的六个等级》。

1832年2月，发表短篇小说《委托》、中篇小说《费尔米安尼夫人》和《夏倍上校》。巴尔扎克收到韩斯卡夫人的第一封来信。

5月，发表论文《论保皇党的现状》。四卷集的《私人生活场景》再版。在再版本中巴尔扎克补了中篇小说《杜尔的本堂神父》《大勃尔司》《三十岁的女人》（片段）和短篇小说《钱袋》。

9月，发表短篇小说《被抛弃的女人》。

12月，发表短篇小说《玛拉娜》。

1833年1月，巴尔扎克开始同"一个外国女人"，即爱费丽娜·韩斯卡伯爵夫人经常通信。

3月—4月，发表中篇小说《费拉古斯》。

9月3日，《乡村医生》单行本出版。

9月26日，巴尔扎克同韩卡斯夫在纳沙台尔初次会面。

12月，巴尔扎克开始以《十九世纪风俗研究》为题出版自己的作品，收入了长篇《欧也妮·葛朗台》等。

1834年4月，《十九世纪风俗研究》第十、十一卷出版。

10月，《十九世纪风俗研究》第三、四卷出版，其中有中篇小说《绝对之探求》。

11月1日，巴尔扎克在《巴黎杂志》上发表了《给法国作家的信》。

12月14日，《巴黎杂志》上开始刊登长篇小说《高老头》。

1835年1月，在《哲学研究》第一版出版，附有批评家费利克斯·达文的序文。

3月，长篇小说《高老头》单行本出版。

5月，《十九世纪风俗研究》第一卷出版，载有费利克斯·达文的序文。

6月，发表短篇小说《改邪归正的梅莫特》。

1836年1月3日，发表短篇小说《无神论者做弥撒》。

1月31日—2月18日，发表中篇小说《禁治产》。

3月，发表短篇小说《法基诺·加奈》。

6月，出版长篇小说《幽谷百合》。

10月，发表中篇小说《老处女》。

182

12月，发表长篇历史小说《关于卡特琳娜·德·梅底西斯》的第二节《路德瑞尔的自白》。

1837年2月，发表长篇小说《幻灭》的第一部《两诗人》。

7月，发表长篇小说《小职员》。

7月—8月，发表中篇小说《钢巴拉》。

12月，长篇小说《赛查·皮罗多盛衰记》出版。

1838年9月—10月，发表长篇小说《古物陈列室》结尾部分。

10月，巴尔扎克作品两卷集出版，其中收有《纽沁根银行》。

1839年3月20日 巴尔扎克在给司汤达的信中赞扬他的长篇小说《巴马修道院》。

3月24日，巴尔扎克被选为文学协会委员。

6月，《幻灭》第二部《外省伟人在巴黎》单行本出版。

8月，发表中篇小说《卡迪央王妃的秘密》。

1840年1月，发表中篇小说《比哀兰德》。

3月14日，《伏脱冷》一剧初次上演。

3月16日，内务部下达关于禁演《伏脱冷》一剧的命令。

6月，发表短篇小说《玛尔卡斯》，并开始发表《关于文学、戏剧和艺术的通信》。

8月，发表短篇小说《克劳边诺的幻想》（《流浪的王子》）。

9月，发表《贝尔研究》、论文《关于工人》。

12月，文学家协会出版的选集《巴比伦塔》问世，其中收入巴尔扎克的短篇小说《比埃尔·格拉苏》。

1841年1月—2月，发表长篇小说《一桩无头公案》。

2月—3月，发表中篇小说《两兄弟》。

3月—4月，发表长篇历史小说《关于卡特琳娜·德·梅底西斯》的第一部《加尔文主义的殉教者》。

8月，发表长篇小说《关于絮尔·弥罗埃》。

1841年11月1日— 1842年1月15日，《新闻界报》登载了长篇小说《两个新嫁娘》。

1842年4月，《人间喜剧》第一卷开始出版，第一卷中刊载了作家自己写的长篇序言。

5月—6月，发表中篇小说《阿尔贝尔·萨瓦留斯》。

7月—9月，发表中篇小说《生活的开端》。

10月—11月，发表《搅水女人》中的第二部分《一个内地单身汉的生活》。

1842年，在《人间喜剧》第三卷中发表了中篇小说《三十岁的女人》。

1843年3月，发表扣篇小说《奥诺丽娜》和《外省诗人》。

7月，开始发表《幻灭》第三部《发明家的苦难》。

1843年，在《人间喜剧》第八版中第一次全部发表了长篇小说《幻灭》。

1844年4月—7月，发表长篇小说《谦逊的密尼永》。

11月，发表《现代史内幕》第一部分（《德·拉·尚特里夫人》）和《交际花盛衰记》的前两部分（《这些姑娘是怎样爱的》

《爱情使老头们付出多少代价》）。

12月，开始发表长篇小说《农民》和《蓓阿特丽丝》。

1845年9月，发表短篇小说《经纪人》。

10月，发表短篇小说《高迪萨第二》。

1846年4月，发表中篇小说《不自知的喜剧演员》。

7月，发表长篇小说《交际花盛衰记》第三部分（《险途通向何处》）。

10月—12月，发表长篇小说《贝姨》。

1847年3月—5月，发表长篇小说《邦斯舅舅》。

1848年4月，发表《阿尔西斯的代表》第一部分（《选举》）和《交际花盛衰记》的第四部分（《伏脱冷最后的化身》）。

5月，巴尔扎克的剧本《后娘》上演获得成功。

8月—9月，发表《现代史内幕》第二部《内情人》。这是巴尔扎克生前发表的最后一部作品。是年《人间喜剧》第十七卷出版。

1850年3月14日，巴尔扎克与韩斯卡夫人在乌克兰结婚。

8月18日23时30分，巴尔扎克去世。